# Introducción al estudio del Nuevo Testamento

# Introducción al estudio del Nuevo Testamento

Aquiles Ernesto Martínez

ABINGDON PRESS / Nashville

INTRODUCCIÓN AL ESTUDIO DEL NUEVO TESTAMENTO

*Derechos reservados © 2006 por Abingdon Press*

Todos los derechos reservados.
Se prohíbe la reproducción de cualquier parte de este libro, sea de manera electrónica, mecánica, fotostática, por grabación o en sistema para el almacenaje y recuperación de información. Solamente se permitirá de acuerdo a las especificaciones de la ley de derechos de autor de 1976 o con permiso escrito del publicador. Solicitudes de permisos se deben pedir por escrito a Abingdon Press, 201 Eighth Avenue South, Nashville, TN 37203.

*Este libro fue impreso en papel sin ácido.*

A menos que se indique de otra manera, los textos bíblicos en este libro son tomados de la *Santa Biblia, Edición de Estudio: Versión Reina-Valera 1995*, © 1995 Sociedades Bíblicas Unidas. Usados con permiso. Todos los derechos reservados.

ISBN 0-687-49675-6

ISBN 978-0-687-49675-4

08 09 10 11 12 13 14–13 12 11 10 9 8 7 6 5 4 3 2
HECHO EN LOS ESTADOS UNIDOS DE NORTEAMÉRICA

# Contenido

**Introducción** .......................................... 7

**Capítulo 1:** El estudio del Nuevo Testamento:
Su importancia actual ....................... 13

**Capítulo 2:** El Nuevo Testamento:
Un vistazo panorámico ..................... 21

**Capítulo 3:** El contenido del Nuevo Testamento:
Una historia, varias contextualizaciones ....... 59

**Capítulo 4:** El mundo social del Nuevo Testamento:
Huellas, heridas, cicatrices ................... 95

**Capítulo 5:** La formación del Nuevo Testamento:
De veintisiete libros a uno solo .............. 145

**Capítulo 6:** Para leer el Nuevo Testamento:
Principios y estrategias prácticas ............ 169

# *Introducción*

$\mathcal{P}$ara quienes valoramos la fe cristiana, entender y explicar el mensaje del Nuevo Testamento (NT) dentro de su contexto social es una tarea necesaria y emocionante, pero al mismo tiempo compleja y exigente.

Digo necesaria y emocionante porque hacer esa tarea nos permite descubrir nuevas maneras de reforzar nuestra identidad como seguidores de Jesús. El NT ha sido el fundamento de la fe, vida y obra de la iglesia a través de diferentes épocas y culturas. Así pues, nuestra devoción a Dios, la fidelidad a nuestra historia religiosa, la solidez y dinamismo de nuestra fe en Cristo y la eficacia de nuestra misión en la sociedad, dependen del conocimiento que tengamos de él.

Esta tarea también es compleja y exigente porque somos parte de una cultura y época muy distinta a la que refleja el NT. Existe una enorme brecha de espacio-tiempo que nos coloca en desventaja con respecto a nuestros antecesores en la fe, que nos separa del mundo del NT y nos impide conocerlo plenamente. Sin embargo, también nos motiva para tratar de cerrar la brecha. Aunque es cierto que nuestra fe se fortalece al intentar leer el NT de manera contextual, también es cierto que este tipo de lectura no es «la varita mágica» con la que sabremos todo lo que necesitamos saber.

A través de la historia, muchos eruditos (creyentes y no creyentes) se han acercado al NT haciendo uso de diferentes metodologías para su estudio. En el campo de las ciencias bíblicas, por ejemplo, el llamado curso «Introducción al NT» ha sido una útil herramienta para entender mejor el origen del movimiento iniciado por Jesús en Palestina y que después se extendió al resto de la sociedad greco-romana por devotos seguidores que preservaron los documentos que han sido básicos para entender al cristianismo. El objetivo de este curso ha sido estudiar el contenido y características básicas de los documentos, el proceso de selección y compilación que los hizo parte del llamado canon del NT (o Lista de Libros Sagrados), la historia de la transmisión del texto griego en el que se han basado nuestras traducciones modernas, y las circunstancias que dieron origen a los documentos que ahora conforman el NT. En fin, que nos hemos beneficiado muchísimo de la contribución de estos eruditos para nuestro entendimiento del NT.

A pesar de todo ello, durante mucho tiempo una serie de factores se han conjugado para debilitar el estudio del NT en nuestras comunidades latinas. En primer lugar, porque existe un desconocimiento de la realidad histórico-social del cristianismo primitivo tal y como se ve reflejada en las páginas del NT. Es cierto que los creyentes tienen un alto respeto por el mensaje del NT porque es la Palabra de Dios y fuente primaria de revelación divina para la tradición cristiana; también es cierto que nuestro pueblo conoce mucho acerca de la Biblia (personajes, eventos, mensajes e historias), aunque ese conocimiento principalmente sea de tipo devocional (para el crecimiento espiritual personal); pero también es muy cierto que un gran número de personas leen e interpretan el NT sin considerar los aspectos socioculturales, ni las referencias (directas e indirectas) sobre los valores, las creencias y las prácticas del mundo judío y el greco-romano en que se formó. Es decir, se ha manejado al NT como si fuera una colección de documentos «modernos».

Esta forma de ver y tratar al NT, a pesar de todo, no hizo que su mensaje perdiera fuerza ni pertinencia para los lectores originales (ni para nosotros hoy día). Sin embargo, en nuestras comunidades de fe necesitamos animar y facilitar el estudio del NT a la luz de su contexto socio-histórico. En particular porque «la revelación de Dios a la humanidad» se dio a conocer en y por medio de una historia, cultura y pueblo particulares. Jesús vino cuando las condiciones histórico-sociales fueron las más favorables, vino en el momento propicio (Ro 1:3-4; Gl 4:4; Ef 1:10); es decir, la Palabra, el Verbo, se hizo hombre, habitó entre nosotros y vimos su gloria dentro del espacio y el tiempo (Jn 1:14).

Segundo, existe una gran escasez de recursos en español que nos ayuden a entender mejor el NT y preparar a nuestra gente adecuadamente para el ministerio cristiano. Si visitáramos alguna buena librería religiosa o la biblioteca de algún instituto bíblico, seminario o universidad donde se enseñe religión, nos sorprenderíamos de la gran cantidad de recursos que existen para interpretar el NT y el ambiente social que lo vio nacer. Lo desalentador sería que la gran mayoría ha sido escrito en otros idiomas, y que la mayoría de los que están en español son traducciones, ya que muy pocos son materiales originales producidos en España o América Latina. Así pues, tenemos que depender de la literatura producida en otros contextos, e incluso, para otros públicos.

Tercero, por lo general los materiales a nuestro alcance se dirigen a creyentes, a quienes ya conocen del cristianismo primitivo, o los especialistas en la materia. Esto quiere decir que el lenguaje «especializado» usado en esas obras es difícil de entender y esconde la información. Si deseamos que un mayor número de lectores obtenga más y mejor información sobre el NT, entonces esto significa que se debe «traducir» y reorganizar el contenido de lo que las ciencias bíblicas han ido descubriendo a lo largo de la historia. A fin de cuentas, el objetivo primordial de todo recurso pedagógico es comunicar más eficazmente lo que se trata de enseñar y no el de controlar, ocultar o confundir al destinatario.

Cuarto, en muchas ocasiones los métodos y criterios que este tipo de literatura utiliza son difíciles de seguir. Entre hipótesis, conceptos abstractos e interminables y especulativos debates es muy fácil que la gente se pierda. Al hacer esto, en vez de atraer al lector al estudio del NT, más bien lo alejamos. De allí que se necesite un acercamiento más pedagógico sobre este tema, sobre todo cuando pensamos en la comunidad de habla española. Creemos que el uso de materiales diseñados que incluyan un bosquejo bien concertado con generalizaciones concretas sobre el NT es la mejor ruta a seguir. Esto es beneficioso para quienes saben poco sobre el NT, necesitan refinar su conocimiento o que más adelante habrán de profundizarlo.

En último lugar, muchas de estas obras ya son obsoletas. Es decir, son anticuadas porque no han incorporado los nuevos descubrimientos ni los métodos que las ciencias bíblicas están usando actualmente (sobre todo el aporte de las ciencias sociales). Gracias al uso de estos métodos hoy día sabemos mucho más que hace cuarenta o cincuenta años sobre los textos bíblicos y las condiciones histórico-sociales en que surgieron. Por eso consideramos imprescindible hacer uso de estos avances para que juntos podamos aprovechar más del NT y aplicarlo con mayor pertinencia a nuestros contextos de ministerio. Es debido a esta desafiante realidad que precisamos de obras bíblicas escritas desde la realidad latina, por latinos y para latinos.

El documento en sus manos es un paso inicial en esta dirección. Este libro servirá como resumen de algunos asuntos básicos sobre el NT, y como mapa para su lectura. Como resumen, este libro proveerá datos concretos sobre algunas de las ideas, personajes, eventos, valores, acontecimientos, mensajes y circunstancias centrales que ayudarán a entender mejor al NT al colocarlo dentro de su contexto histórico-social más amplio. Esto es indispensable, pues tanto el Antiguo Testamento (AT) como el Nuevo son documentos religiosos muy antiguos que contienen conceptos y tratos culturales muy diferentes a los de hoy día. Además, toda fe en Cristo que evite conocer el contexto del NT corre el riesgo de ser llevada por las emociones, la intuición, el espiritualismo, las distorsiones ideológicas y el fanatismo.

Como mapa, este libro orientará la lectura haciendo explícito lo que el NT a veces no dice claramente, o simplemente da por sentado. Existen numerosos sucesos o eventos históricos, geográficos, culturales, socio-económicos, religiosos y políticos que fueron conocidos directamente por sus autores y lectores originales, pero que no son tan evidentes para nosotros hoy. Con mucha frecuencia esos eventos, costumbres o entendimientos —que tanto escritores como destinatarios asumen y entienden— se mencionan sin explicación alguna y, por lo tanto, permanecen «ocultos» para nuestros ojos. Por eso, nuestro deber es desenredarlos, desenterrarlos y proponerlos pedagógicamente para entender mejor el carácter histórico de la fe de la iglesia primitiva que quedó registrada en estos documentos. Este es un requisito indispensable para actualizar esos mensajes para nuestros contextos.

Desde este marco de referencia, primero vamos a decir por qué y para qué es importante saber sobre el NT (Capítulo 1). Luego de forma sencilla, organizada y concreta procedemos a definir muy ampliamente lo que es el NT (Capítulo 2). Enfocando la vida y obra de Jesús y del apóstol Pablo, bosquejaremos el contenido, propósito y contexto de cada libro del NT, y expondremos algunas ideas e interpretaciones sobre su mensaje central (Capítulo 3). Dado que el NT se produjo en un ambiente socio-histórico determinado, vamos a «re-crear» algunos escenarios que nos permitan tener una mejor idea sobre la geografía, la historia, la política, la economía, la cultura, la filosofía y la religión en los tiempos del NT (Capítulo 4). También es importante explicar brevemente la «canonización» del NT. Es decir, el proceso por el cual los veintisiete libros que conforman nuestro NT terminaron siendo parte de una «lista de libros sagrados» (Capítulo 5). Y vamos a terminar nuestra exposición haciendo algunas sugerencias para estudiar más efectivamente el NT (Capítulo 6).

Es necesario hacer una última aclaración. Nuestro resumen y mapa no pretenden minimizar o sustituir la lectura directa del NT. Más bien deben ser vistos como herramientas que ayudarán a hacer una lectura contextual más adecuada. Quien se considere seguidor de Jesús el Cristo debe familiarizarse personalmente con esta parte de la Biblia. Este libro es apenas un «aperitivo» que esperamos abra el deseo de los lectores para saber más del NT. Dado que lo dicho aquí no es final ni completo, es imperativo que se continúe buscando información complementaria para un estudio más detallado de los temas aquí tratados. Por lo pronto, deseamos que estudiantes de seminarios, universidades donde se enseñe religión, institutos bíblicos o academias para la preparación del laicado en las iglesias, puedan beneficiarse de lo que aquí compartimos con el único deseo de servir mejor.

## Capítulo 1
# El estudio del Nuevo Testamento: Su importancia actual

𝒫or más de quinientos años la Biblia ha sido el libro más vendido y distribuido en el mundo. Desde que Gutenberg —antes de la Reforma Protestante del siglo dieciséis— inventó el «tipo móvil» y con ello revolucionó la imprenta, la colección de libros sagrados cristianos ha tenido un lugar de honor en muchas naciones, culturas y para muchas generaciones desde ese tiempo. Ningún otro libro en la historia de la humanidad ha sido traducido a tantos idiomas y dialectos como la Biblia, ni ha sido tan distribuido alrededor del mundo (podemos encontrar copias de este libro en bibliotecas públicas, oficinas, hoteles, iglesias, universidades y hogares).

A pesar de esto, muchos expertos en el estudio de la sociedad y la religión también afirman que la Biblia es el libro menos leído, ¡incluso entre los mismos cristianos! ¿Qué quiere decir esto? Que a pesar de su popularidad, pocas personas realmente usan o estudian la Biblia. Esto ha resultado en un alto porcentaje de «analfabetismo bíblico». Es decir, poca gente conoce el contenido de las Escrituras, incluso entre quienes crecieron en hogares cristianos y dicen ser «fieles» a su respectiva herencia cultural y religiosa. Por supuesto, esta ignorancia es menos justificable para quienes irresponsablemente se atreven a criticar, dudar u oponerse a la autenticidad o legitimidad de algunas de sus historias. ¿Cómo es posible adoptar semejante posición, si muchas veces ni siquiera se han tomado la molestia de leer esas historias?

En nuestra era post-moderna el analfabetismo bíblico parece ser la norma. La asistencia a clases de escuela bíblica o de discipulado es pobre, incluso entre quienes asisten constantemente a la iglesia. Los estudiantes universitarios toman clases de Biblia solamente si es una exigencia académica. Muchos sermones pastorales abundan en anécdotas, historias y bromas que entretienen, pero carecen de un buen análisis del texto bíblico y son irrelevantes para la situación histórica-social actual. La enseñanza de la Biblia no forma parte de la crianza o educación de los hijos e hijas. Los intereses individuales y la gratificación inmediata se han convertido en la prioridad. Las Escrituras ya no son objeto de reflexión, ni fundamento de la ética y práctica individual y comunitaria como alguna vez lo fueron.

El desconocimiento del Antiguo Testamento (AT), la primera parte de la Biblia cristiana, es todavía más común. Los estudiosos nos dicen que ésta es la sección menos leída de las Escrituras. Una encuesta hecha en 1979 por la agencia Gallup es reveladora de esto, ya que el 49% de los Protestantes y el 44% de los católico-romanos no conocían más de cuatro de los Diez Mandamientos. Se estimaba, además, que sólo el 12% de los cristianos leían su Biblia. Y que, como era lógico, la mayor parte de su conocimiento venía del Nuevo Testamento (NT). En pocas palabras, al AT no se le ha dado la importancia que se merece. Tal vez esta situación sigue igual o peor hoy en día.

Esta crisis hace que el estudio sistemático de la Biblia ya no sólo sea un privilegio, sino una obligación y desafío impostergables. De otra manera, ¿cómo se puede sostener la lealtad a Dios que emana de las páginas de las Escrituras, pero de las que muy poco o casi nada sabemos? ¿Cómo creer las historias y aprender de las lecciones del AT y el NT si desconocemos quiénes fueron los escritores y sus lectores, o las circunstancias históricas, cultura y aspectos semejantes? ¿Cómo creer en Cristo verdaderamente si no conocemos los asuntos básicos de la historia de nuestra fe que están contenidos en el NT?

Recientemente, sin embargo, hemos observado un avivamiento en el estudio de la Escritura en muchos círculos cristianos. Un creciente número de personas, al darse cuenta del valor de las Escrituras y por estar hambrientas de conocer más para vivir mejor, se han avocado a estudiar la Biblia más sistemáticamente. Como resultado de ello, han comenzado a salir de la ignorancia bíblica y sus vidas han comenzado a tener propósito, significado y a ser transformadas.

¿Qué hace al NT tan especial? ¿Por qué debe emplearse tiempo para leerla? ¿Por qué el estudio del NT es pertinente para los lectores contemporáneos? Creemos que existen por lo menos ocho razones que justifican el cuidadoso estudio del NT.

### a. Es una obra maestra literaria

Por su impacto social y calidad, el NT figura entre las mejores obras literarias de la antigüedad. En esta colección de documentos, los historiadores, los sociólogos, los antropólogos, los críticos literarios y los lectores comunes encontrarán una riqueza de información sobre la historia, la literatura y la cultura del judaísmo, del cristianismo temprano y del mundo greco-romano del tiempo de la Biblia. Por ejemplo, los libros de Lucas y Hebreos son dos buenas muestras del arte del buen escribir.

### b. Es matriz de la sociedad occidental

El NT es una fuente importante de información en torno al origen y desarrollo de las sociedades occidentales. Muchas de las creencias, valores, leyes, patrones de conducta e instituciones que caracterizan la vida en el continente europeo y el americano, por ejemplo, se basan en las contribuciones hechas por el judaísmo y la fe cristiana plasmada en el NT. No podríamos entender totalmente la sociedad en la que vivimos si no tomamos en consideración el lugar y la función que el NT ha tenido en el desarrollo de estas culturas.

### c. Es un punto de referencia esencial para el estudio de religiones comparadas

Por cuanto la información que el NT suministra es cardinal para el entendimiento de la fe y la práctica cristiana, al compararlas con las Escrituras Sagradas de otros grupos podemos explicar las similitudes y las diferencias entre el cristianismo y algunas de las religiones más influyentes en el mundo: el judaísmo, el budismo, el hinduismo y el islamismo.

### d. Es un medio de re-socialización ideológica contemporánea

El NT continúa ejerciendo una marcada influencia en el pensamiento religioso moderno y la vida social de muchas personas en diferentes partes del mundo. Con el tiempo se han multiplicado los movimientos religiosos que apelan al NT para justificar sus creencias. El NT ha inspirado historias, novelas, canciones, poemas, pinturas, películas e iniciativas de alfabetización en muchas partes del mundo. La experiencia de los puritanos, las Comunidades Cristianas de Base en América del Sur, los grupos afro-americanos en sus luchas de liberación, y algunos otros son buen ejemplo de esto. Incluso se sigue estudiando y enseñando el NT en universidades y otras instituciones de educación superior.

### e. Es la mejor fuente de información sobre el cristianismo primitivo

Por muchos siglos el NT ha sido la mejor fuente de información sobre la historia, cultura, religión y ética de la iglesia temprana. Debido a ello, el NT es de valor cardinal para comprender el origen, formación y desarrollo de la fe y la iglesia cristiana como fenómenos sociales. Los historiadores están de acuerdo en que no se puede hablar de la fe cristiana prescindiendo de estos documentos.

### f. Es un tesoro de fe, conocimiento, sabiduría y ética

En cada libro del NT se encuentran lineamientos prácticos y teóricos que ayudan a reformular lo que significa vivir una vida buena y correcta. Las enseñanzas del NT van más allá de la cultura o credos, e incluso se pueden hallar algunas respuestas a los misterios de la vida. A pesar de su trasfondo y matices particulares, muchas personas encontrarán algo que aprender del NT. Leer sobre las circunstancias sociales, valores, creencias, lugares y épocas en que los personajes vivieron, le permite a los lectores aprender lecciones del pasado; pero también son útiles para el ahora y las propias circunstancias. A fin de cuentas, muchas veces las experiencias humanas son bastante similares. Leer el NT es —y será— una experiencia transcultural iluminadora.

### g. Es otra rama del antiguo Israel

Sabemos que una gran parte de la teología, los valores culturales, las creencias, los rituales y las ceremonias del NT hunden sus raíces en la historia y cultura judías. Esto implica que los cristianos no podrían comprender bien su propia identidad y literatura a menos que tengan un conocimiento básico del AT. De la misma manera, los judíos no podrán entender cabalmente su historia y cultura a menos que reconozcan que el cristianismo temprano, sobre todo en sus primeros momentos de formación, fue un movimiento religioso judío. Así como el NT y los cristianos están en deuda con el judaísmo, así también los judíos están en deuda con los cristianos y la literatura que crearon. Este terreno común debería fomentar las relaciones entre cristianos y judíos hoy día.

### h. Es Sagrada Escritura y revelación divina

Por último, el NT es mucho más de lo que hemos dicho hasta este momento. Junto con el AT ha sido catalogado como *Escritura*, es decir, como el registro escrito por medio del cual Dios se ha revelado a la humanidad a fin de salvarla y transformarla. Por casi dos mil años ya, el NT ha sido la colección sagrada de documentos y de autoridad máxima para el cristianismo primitivo. Así pues, por ser Palabra de Dios, el NT contiene las creencias y principios que son normativos para la fe, la vida y misión de esta comunidad religiosa. Desde la perspectiva religiosa, el NT no puede leerse de otra manera, ya que es mucho más que un gran logro literario.

Dicho lo anterior, sin embargo, nuestra intención no es idealizar al NT, porque también ha sido utilizado para propósitos maléficos.

A través de la historia muchos individuos, grupos e instituciones han utilizado selectivamente algunos fragmentos, palabras o ideas del NT para justificar y perpetuar la dominación y la explotación, o para promover iniciativas y proyectos «convencieros». Con pasajes bíblicos en mano, muchos han defendido a ultranza la esclavitud o el sometimiento de los trabajadores (Ef 6:5-8; 1 P 2:18-25); han perseguido a personas con puntos de vista distintos, tildándolos de «herejes» (1 Pedro; 2 Juan; Judas); han promovido la obediencia ciega o conformidad ciudadana a regímenes totalitarios (Ro 13:1-6; 1 P 2:13-17); y han creado cultos milenaristas o sectas apocalípticas (Apocalipsis).

Por otro lado, una lectura descontextualizada y unilateral del NT ha permitido apoyar la sumisión de las esposas a sus esposos permitiendo el abuso (Col 3:18; 1 P 3:1-6) y la marginación de la mujer tanto en la sociedad como en el ministerio de la iglesia (1 Co 14:34-35; 1 Ti 2:11-15); también ha promovido la defensa de «doctrinas separatistas» (por el significado y/o práctica del bautismo o la Cena del Señor), entre cristianos; ha avanzado el concepto de supremacía del cristianismo (Cristo como el único medio de salvación, Jn 14:6; Hch 4:12) hasta el punto de invalidar las creencias de otras religiones. Y muchas otras ideas o prácticas parecidas.

Quienes lo han hecho así —además de defender agendas personales y posiciones de privilegio— no han tomado en cuenta el contexto particular en el que surgieron los documentos del NT, y porque no han descubierto que esos documentos respondieron especialmente a desafíos concretos de su tiempo. Por otro lado, el contenido mismo del NT se ha prestado para este tipo de interpretación, pues ahí se retiene y hasta «bendice» algunas de esas instituciones —esclavitud, machismo, imperialismo, prejuicios culturales/raciales—, sistemas sociales e ideologías que deshumanizan y que ya no pertenecen al mundo de dos mil años después.

El NT también ha sido fundamental para la formación de muchos cristianos de generaciones, culturas y épocas diferentes. Los pueblos del Este y los occidentales también se han beneficiado de las ideas y prácticas de esta parte de la Biblia, y en particular ha sido fundamental para la comunidad latina. Así pues, junto con el AT, el NT debe ser objeto de nuestro estudio, reflexión, meditación y aplicación. Tanto creyentes como no-creyentes encontrarán en el NT un tesoro de información relevante para el presente y lo seguirá siendo para futuras generaciones, tal y como lo fue para quienes nos precedieron. Para ello, sin embargo, es necesario abrirse a un diálogo constructivo con el NT.

# Capítulo 2
# El Nuevo Testamento: Un vistazo panorámico

Debido a la centralidad que el NT ha tenido en la historia de la humanidad, y más específicamente en las culturas occidentales, hoy día contamos con muchísimos recursos pedagógicos para entender con mayor precisión esta parte de la Biblia. Sin embargo, muchos de ellos presuponen que sus lectores son cristianos, conocen el contenido, contexto y propósito del NT, o son especialistas en la materia. Por lo tanto, en esos recursos frecuentemente se utilizan términos poco conocidos, no se proveen explicaciones adecuadas, se simplifican muchos conceptos y hasta se obstaculiza la comunicación del mensaje. Por consecuencia, los lectores no reciben la información debida y quedan confundidos.

Para no cometer el mismo error, queremos acercarnos al estudio del NT desde una perspectiva más sencilla, concreta y sistemática. Así que a continuación presentaremos una serie de generalizaciones organizadas de forma sencilla para encaminar a quienes conocen poco sobre el NT o desean afirmar su conocimiento previo. Esto nos permitirá llegar a una mayor cantidad de lectores y guiará la lectura del NT de quienes estén interesados en el cristianismo, de los nuevos cristianos deseosos de conocer más sobre su fe, o de quienes se estén preparando para servir a la iglesia y la sociedad, y requieran conocer el NT como parte de su preparación académica. En cualquiera de estos casos, lo que aquí presentamos solamente sería el primer paso para quienes deseen hacer un estudio más detallado y profundo del NT (algo que recomendamos altamente).

## Una definición del NT

Para comenzar nuestro «resumen» y dibujar un «mapa» preciso para su lectura, es necesario definir lo que es el NT. Antes que nada, éste es la segunda sección de la Biblia cristiana, es decir, la que sigue a las Sagradas Escrituras del judaísmo (conocidas como el Antiguo Testamento). Si bien es cierto que los protestantes, los católicos-romanos y los ortodoxos-griegos no están de acuerdo en cuanto al número de libros que componen el AT, al menos sí concuerdan en que éste habla sobre la historia, cultura y religión del Antiguo Israel. Por eso su estudio es crucial para entender al NT.

Esta definición, sin embargo, no hace justicia a la naturaleza del NT. ¿Cómo entonces podemos definirlo mejor? Aunque así lo parezca, esta no es una tarea fácil. Siempre se corre el riesgo de decir muy poco o demasiado. Nuevo Testamento es el título formal que los cristianos —por medio de la iglesia institucional— tomaron prestado de la tradición bíblica judía y lo asignaron a una antología de 27 documentos religiosos escritos en griego, que fueron editados y preservados por los cristianos de la iglesia primitiva. Estos documentos de autores judío-gentiles de diversos trasfondos (todos hombres y cuya identidad por lo general desconocemos), fueron producidos en un tiempo aproximado de cuarenta años. Originalmente fueron dirigidos a congregaciones de fieles judíos y gentiles (que se reunían en casas) y a prominentes líderes que vivieron en las regiones de Palestina, Asia Menor, Grecia, Italia y áreas circunvecinas. Usando diversos géneros literarios para comunicar sus ideas con mayor eficacia, estos manuscritos buscaban responder a las necesidades y los desafíos más apremiantes que enfrentaron las iglesias cristianas aproximadamente durante los primeros cien años de nuestra era. El propósito fundamental de los documentos del NT fue guiar la fe en Cristo de esos primeros creyentes.

Más o menos cuatro siglos después de Cristo —porque los consideraban inspirados por Dios, con autoridad divina, útiles para la adoración e instrucción cristiana y benéficos para las comunidades de fe— y después de un largo y complicado proceso, la iglesia institucional seleccionó y agrupó todos estos escritos en un solo libro al que llamó *Canon del Nuevo Testamento*. Así pues, el NT es una pequeña-gran biblioteca, una colección de documentos que da testimonio sobre el origen y desarrollo del movimiento religioso fundado por Jesús de Nazaret. Con el tiempo, la iglesia añadió esta colección de libros cristianos a la *Septuaginta* (la traducción griega de la Biblia Hebrea), y fue de esta manera que se constituyó lo que hoy día conocemos como la Biblia. Desde ese entonces este libro ha servido como la regla para asuntos de fe, ética, misión y ministerio de todas las iglesias cristianas.

A diferencia del AT (al que los judíos llaman *Torá*, Ley, *Tanakh*, Biblia Hebrea o simplemente Biblia), al NT solamente se le conoce por medio de esta designación, aun en círculos judíos y no-cristianos. Este título fue tomado del lenguaje del profeta Jeremías (cap. 31) y de la aplicación que Jesús hizo, durante la última cena que tuvo con sus discípulos, al nuevo pacto que él instituyó por medio de su muerte en la cruz.

Como veremos más adelante, el NT nos habla acerca de la vida, ministerio, muerte, resurrección y ascensión de Jesús. Describe el llamado y ministerio de sus primeros seguidores, y nos presenta un relato sobre la predicación de «las Buenas Nuevas del Reino» en el Medio Oriente y sur de Europa. También relata los desafíos y oportunidades que esas nuevas congregaciones enfrentaron, y las diversas maneras en que los líderes estimularon la fe de las iglesias y ministraron a sus necesidades por casi tres generaciones. Desde una perspectiva teológica, el NT tiene un significado más profundo y extenso que rebasa el sentido literario, histórico, social y cultural. Más que una simple colección de libros, la iglesia ha creído que el NT es el testimonio histórico de la manera en que Dios se reveló a la humanidad en la persona y obra de Jesús de Nazaret. Y es por ello que el NT tiene autoridad última en lo relativo a la vida cristiana. La experiencia religiosa de la iglesia primitiva registrada en estos documentos constituye la evidencia tangible por medio de la cual Dios ha hablado a los cristianos y al resto de la humanidad. Los mensajes que allí encontramos —propiamente interpretados— son relevantes para todas las razas y las culturas del mundo. Junto con el AT, el NT es *Palabra* de Dios en palabras humanas, y por lo tanto se le considera como Escritura Sagrada.

## Los libros y sus títulos

Desde la perspectiva protestante, el AT está constituido por 39 libros y el NT por 27. Los títulos de estos libros y su organización parecen sugerir cuatro grandes temas, como se muestra en la siguiente tabla:

**El Canon del NT: 27 libros**

| | |
|---|---|
| Comienzo del cristianismo (4 libros) | Mateo, Marcos, Lucas y Juan |
| Expansión del cristianismo (1 libro) | Los Hechos de los Apóstoles |
| Creencias, prácticas y valores éticos del cristianismo (21 libros) | Las cartas paulinas: Romanos, 1 y 2 Corintios, Gálatas, Efesios, Filipenses, Colosenses, 1 y 2 Tesalonicenses, 1 y 2 Timoteo, Tito y Filemón<br><br>Las epístolas universales: Hebreos, Santiago, 1 y 2 Pedro, 1, 2 y 3 Juan y Judas |
| Culminación del cristianismo (1 libro) | El Apocalipsis |

No fueron los autores originales quienes les dieron títulos a estos documentos, sino la iglesia años más tarde. Esto lo hizo como parte del proceso de selección y organización que resultaría en lo que ahora se conoce como el canon del NT. Si bien el origen de estos títulos es un misterio, los expertos creen que surgieron de la labor editorial de copistas cristianos plasmada en los manuscritos griegos más antiguos y sobre los que se basan nuestras traducciones modernas. Por ser resultado de la tradición eclesiástica, estos títulos no son totalmente arbitrarios, pues guardan una estrecha relación con el contenido de los documentos, reflejan matices muy diversos y siguen de cerca algunos de los criterios de edición literaria propios del mundo antiguo. Así pues, al adaptarse a su medio social, por ejemplo, la iglesia asoció algunos de los libros del NT con importantes figuras de la historia de la fe cristiana primitiva (aunque la evidencia explícita interna no siempre identifica a los autores). Algunos de los libros llevan el nombre de quienes fueron testigos presenciales del ministerio, muerte, resurrección y ascensión de Jesucristo, llamados apóstoles (Mateo, Juan, Santiago y Pedro), o de prominentes líderes asociados con el círculo apostólico (Marcos y Lucas); en particular, y según la tradición eclesiástica, uno de los libros lleva el nombre de un hermano de Jesús (Judas).

En el caso de las cartas escritas por Pablo, normalmente los títulos se derivan del área geográfica o ciudad donde estaban ubicadas las iglesias a las que escribió (Roma, Corinto, Galacia, Éfeso, Filipos, Colosas, Tesalónica), pero también de colaboradores en el ministerio con quienes mantuvo una relación fraternal, trabajó muy de cerca y con quienes compartió liderazgo (Timoteo, Tito y Filemón). En una ocasión —por desconocer al autor, destinatarios y por los marcados conceptos y valores judíos en este tratado— la tradición de la iglesia usó como criterio el grupo étnico de los lectores (Hebreos). El título para el libro de los Hechos de los Apóstoles en buena parte refleja el contenido de su trama, ya que los ministerios de Santiago, Juan, Pedro y Pablo son centrales allí (aunque debemos aclarar que no todos los apóstoles son mencionados y que Pablo recibe la mayor atención en este documento). Finalmente, el título de Apocalipsis (griego = *revelación*), también refleja el contenido del documento, porque allí Jesucristo y sus mensajeros «revelan» una serie de misterios tanto a Juan como a sus lectores, y es el único ejemplo de literatura apocalíptica en el NT.

## Divisiones principales

Cuando vemos al NT como un producto acabado, nos damos cuenta de que parece estar organizado en cuatro secciones principales (aunque no existe un índice así o un título explícito para cada una de esas secciones en el canon).

*La primera división* la constituyen los evangelios. En esta primera parte del NT encontramos información acerca del comienzo del cristianismo. La palabra *evangelio* literalmente significa «buenas noticias» y, bajo este concepto, el NT agrupa a los primeros cuatro libros: Mateo, Marcos, Lucas y Juan. En el mundo greco-romano el vocablo *evangelio* se utilizaba para hacer referencia a eventos extraordinarios en la vida de individuos o pueblos, por ejemplo: la elevación de un rey a la posición de un dios, el nacimiento de un emperador, las políticas de bienestar social, las victorias militares, la introducción de una nueva era, la venida del Mesías para liberar a los cautivos y otros semejantes. Así pues, desde cuatro puntos de vista diferentes, y a la vez complementarios, los evangelistas comparten las buenas noticias sobre la vida, obra, ministerio, muerte, resurrección y ascensión de Jesús de Nazaret, llamado el Cristo, el fundador del movimiento que ahora lleva su nombre.

*La segunda división* está formada por un solo libro: Los Hechos de los Apóstoles. Este es el único ejemplo de narrativa histórica de estilo helenista en el NT. Enfocando el ministerio de algunos apóstoles —Pedro, Juan, Santiago y Pablo— el autor de este libro (que también escribió el evangelio de Lucas) describe los principales eventos que siguieron a la obra terrenal de Cristo. Su principal interés es narrar la manera en que la fe cristiana se diseminó y desarrolló entre los habitantes judíos y gentiles de diferentes regiones en el mundo greco-romano. Comenzando en Jerusalén y terminando en Roma, los apóstoles y otros seguidores de Jesús predicaron las buenas nuevas sobre Cristo, realizaron milagros, facilitaron la conversión de nuevos discípulos, establecieron y organizaron nuevas comunidades de fe y educaron a sus miembros. Este ministerio se realiza en un contexto multicultural y multirracial, con las oportunidades y desafíos propios que esto presentaba. Si en los evangelios se describe el inicio del cristianismo por medio de Jesús, en esta segunda parte del NT se narra la expansión del cristianismo durante los primeros treinta años de la historia de la iglesia. Este libro es la única interpretación del origen y crecimiento de la iglesia primitiva con la que contamos.

*La tercera división* del NT agrupa veintiún libros bajo la categoría de cartas o epístolas. Trece de ellas son atribuidas al apóstol Pablo (desde Romanos hasta Tito). Las ocho restantes son asignadas a otros líderes cristianos cuyos destinatarios son los «cristianos en general» y por eso son llamadas «epístolas universales» (desde Hebreos hasta Judas). Sin embargo, como veremos más adelante, Hebreos, Santiago y 1 Juan no son cartas en el estricto sentido de la palabra.

En todas estas cartas encontramos información sobre algunas de las necesidades y los desafíos más apremiantes que confrontaron las primeras iglesias domésticas y algunos líderes. También notamos la manera en que los primeros seguidores de Cristo, y otros allegados, respondieron pastoralmente a estos problemas prácticos y teológicos con el fin de fortalecer la fe de las emergentes comunidades cristianas. Por ellas nos enteramos de la persecución de que fueron objeto los creyentes y del surgimiento de algunas «falsas doctrinas». Incluso, al examinar estos documentos detenidamente, podemos observar algunas de las ideas y principios centrales con que se rigieron las iglesias de aquel entonces. Así pues, en esta sección de la Biblia hallamos vestigios sobre muchas de las creencias, prácticas y valores éticos del cristianismo primitivo.

*La última división* está constituida por el libro del Apocalipsis, que es el único representante de un estilo literario que trata de revelar «misterios presentes y futuros», y al que llamamos género apocalíptico. Por medio de símbolos, metáforas, analogías y visiones dadas a Juan a través de una «revelación», en este libro se hace una interpretación de los eventos que habrán de consumar la historia: la destrucción de este mundo, la inauguración de uno nuevo, y el regreso de Cristo. También se deja ver que los injustos serán castigados y los justos serán recompensados. Es por eso que, a pesar de los abusos e incluso del martirio, los creyentes deben mantener su fe firme y perseverar hasta el fin. Al parecer, con el Apocalipsis cierra sus páginas el NT con una declaración victoriosa sobre la culminación del cristianismo.

## Criterios de organización

Los libros del NT no fueron escritos en el orden en que aparecen en nuestra Biblia. Como lo veremos más adelante, existen diversos criterios de organización —unos más sobresalientes que otros— con los cuales se podría explicar su actual disposición, pero al final todos se relacionan entre sí. Esto nos sugiere que los compiladores del NT realizaron un deliberado y sistemático proceso de agrupación y edición de los libros.

*1. Género literario.* A través de esta clasificación los documentos se agrupan de acuerdo a la forma o género literario. Por eso, primero tenemos los evangelios, o sermones, narrativos sobre Jesús (desde Mateo hasta Juan), seguidos por una narrativa histórica al estilo helenista (Hechos de los Apóstoles), después las cartas o epístolas (desde Romanos hasta Judas), para culminar con la literatura apocalíptica al final del NT (Apocalipsis).

*2. Cronología temática.* Estos cuatro géneros literarios parecen guardar una estrecha unidad temática con el resto de los libros del NT, y sugieren una estructura casi lineal de lectura sin importar qué tan único sea cada uno de los veintisiete libros. Esto se nota porque cuando leemos el NT como un todo, y de forma ininterrumpida, parece hablarnos acerca del comienzo, la expansión, las creencias, las prácticas, los valores éticos y la consumación del cristianismo primitivo como si fuera un solo relato integrado.

*3. Orden de canonización.* En cierto sentido, la actual organización de estos documentos da testimonio de cómo evolucionó el canon del NT. Es decir, se nota una cierta tendencia a colocar los libros de acuerdo con el orden de aceptación que tuvieron en las iglesias y qué tanto fueron usados en sus cultos. Por eso primero vienen los evangelios, seguidos por las cartas de Pablo (con el libro de los Hechos en medio), las epístolas católicas y el Apocalipsis.

*4. Canon del AT.* Por lo menos en parte, el NT parece reflejar el orden de las principales secciones del AT tal como están en la Septuaginta y en el texto hebreo. Aunque no sabemos si los editores del cuarto siglo de nuestra era utilizaron este «criterio», los Evangelios parecen corresponder a los libros de Moisés, o la Torá (Génesis a Deuteronomio); Hechos, a los Libros Históricos (Josué a Reyes); las cartas paulinas, a los Profetas (Isaías a Malaquías); y de Hebreos hasta el Apocalipsis, a los Escritos (Salmos a Crónicas).

*5. Extensión.* En ocasiones —sobre todo en la literatura asociada con un mismo autor o tradición cristiana— los documentos más extensos fueron colocados al principio y los más breves al final. Por ejemplo, las cartas de Pablo fueron organizadas de forma decreciente, es decir, con las más extensas al principio, las medianas en el centro y las más breves al final. Además, parecen estar en dos grupos de siete: en el primero aparecen Romanos, 1 y 2 de

Corintios, Gálatas, Efesios, Filipenses y Colosenses; y el segundo grupo 1 y 2 de Tesalonicenses, 1 y 2 de Timoteo, Tito, Filemón y Hebreos (a esta última se le consideró paulina en algún tiempo). Las cartas de Pedro y Juan también parecen haber sido organizadas de mayor a menor extensión.

6. *Tradición apostólica.* Unos pocos libros fueron agrupados de acuerdo a tradiciones que tienen que ver con alguno de los apóstoles. Por esa razón, en el NT aparecen juntos los libros atribuidos a Pablo (las trece cartas paulinas), a Pedro (1 y 2 Pedro) y a Juan (1, 2 y 3 Juan), aunque la paternidad literaria de algunos de ellos no sea clara entre los expertos. La excepción a esta tendencia la vemos en Lucas y Hechos, porque a pesar de haber sido escritos por el mismo autor y para la misma audiencia (Teófilo), el canon del NT no los coloca juntos. Estos libros están separados teniendo al Evangelio de Juan en medio.

## *Autoría*

Al hablar de los escritos del NT se tiene que considerar a los autores, secretarios o editores que le dieron forma a los documentos y a los mensajeros que los llevaron a su destino final. Desde este punto de vista, el NT es obra de muchas manos. A la producción y distribución de los manuscritos originales, siguió un extenso y complejo trabajo de copiado, preservación, selección y compilación, en el que participaron muchos creyentes de varias generaciones y cuya identidad desconocemos.

Para abordar este asunto tenemos que comenzar reconociendo que Jesús no hizo ninguna contribución literaria al NT. Es decir, aunque es el sujeto y tema más importante de los documentos del NT, no fue el autor de ninguno de ellos. Como lo muestran los evangelios, la exposición oral fue el principal medio de comunicación que usó Jesús (dichos cortos, proverbios, parábolas e historias). Aunque no debe descartarse completamente que Jesús pudo haber escrito algo, el NT no corrobora ni sugiere esta hipótesis; y tampoco hay evidencia confiable fuera de la Biblia sobre ello. Tal como sucedió con Sócrates, y otros grandes maestros del pasado, lo que se sabe de Cristo nos ha llegado a través de quienes fueron testigos presenciales de esos acontecimientos y, posteriormente, de sus sucesores. Como dato curioso, debemos mencionar que la única vez en que Cristo aparece escribiendo algo en el NT, lo hizo en la arena y no se sabe lo que escribió (Jn 8:1-11). Además, el incidente está registrado en manuscritos cuya autenticidad es cuestionada.

Por otro lado, podemos decir lo siguiente de los libros que hablan sobre el *Gran Maestro de Galilea*. Primero, muchos de los libros del NT son anónimos. Es decir, desconocemos la verdadera identidad de sus creadores. Ya sea porque sus nombres no se mencionan en los escritos (como en el caso de Mateo, Marcos, Lucas, Juan, Hechos, Hebreos y 1 de Juan), porque se mencionan sin explicación alguna (como en el caso de los nombres que aparecen en Santiago, 1 y 2 de Pedro, Judas y Apocalipsis), o porque simplemente se hace referencia al autor por medio de un título muy vago (por ejemplo, «el anciano» en 2 y 3 de Juan). Lo mismo sucede respecto a muchos de los lugares y fechas en que fueron compuestos los libros del NT.

Entonces, ¿de dónde vienen los títulos de estos documentos y la supuesta paternidad literaria que sugieren? Estos títulos son resultado del desarrollo de la tradición eclesiástica temprana. Un procedimiento «común» en aquella época fue conectar a los libros del NT con algunos de los apóstoles o líderes relevantes de la iglesia del primer siglo. Así, por medio de un proceso que hoy día desconocemos, la iglesia institucional asignó la paternidad literaria de muchos libros del NT a figuras de renombre de la fe cristiana (Mateo, Juan, Pedro, Santiago, etc.). No podemos constatar si esta acción fue legítima o no. Sin embargo, dependiendo del libro que se estudie, tal vez podamos confiar en el juicio de quienes tomaron esta decisión, o ponerla en duda, o asumir una posición crítica que dé lugar a una interpretación intermedia. Tal vez Pablo y Pedro sean la excepción a esta tendencia literaria, pues son los únicos escritores del NT que se identifican a sí mismos en sus epístolas (aunque la paternidad de las cartas de Pedro se sigue debatiendo entre los expertos).

Existen algunos ejemplos interesantes en la historia temprana de la iglesia respecto a la paternidad literaria de algunos de los libros del NT. Por ejemplo, el historiador Eusebio de Cesarea (ca. 260-340), citando la *Historia Eclesiástica* de Papías, obispo de Hierápolis (60-140 d.C.), afirma que Marcos fue el intérprete de Pedro y que Marcos escribió con precisión, aunque no en orden, lo que Jesús había hecho y dicho. Si esta tradición es fidedigna, entonces Marcos no sería mas que el «secretario» y Pedro el «autor intelectual» del evangelio. El mismo Papías dice sobre el Evangelio de Mateo que el cobrador de impuestos coleccionó «los dichos» de Jesús en la lengua hebrea y que los interpretó al igual que otras personas (*Historia Eclesiástica* 3.39.4, 15-16; 3.39.16).

Por otro lado, la tradición atribuye el tercer evangelio y Hechos de los Apóstoles al médico Lucas, compañero de viajes de Pablo. Ireneo de Lions (130-200 d.C.), en su *Adversus Haeresis* (3.1.1), deja ver que el autor del Evangelio de Juan fue el hijo de Zebedeo, el hermano de Santiago, y que lo escribió en la ciudad de Éfeso, donde murió durante el gobierno del emperador Trajano (98-117 d.C.). También se dice que Santiago, el hermano de Jesús y líder de la iglesia en Jerusalén (Hch 15:13; 21:18; Gl 1:19), escribió el tratado que lleva su nombre; y que el apóstol Pedro es el autor de las dos cartas que llevan su nombre. Se sostiene que «el discípulo amado» escribió las epístolas conocidas como juaninas; que Judas, uno de los hermanos de Jesús (Mc 6:3; 1 Co 9:5), es el autor de la epístola que lleva ese nombre; y que el apóstol Juan fue el escritor de Apocalipsis.

Sin embargo, la tradición de la iglesia no siempre fue unánime en cuanto a la autoría de los libros. Hubo diversidad de opiniones. Es debido a ello que, donde los autores no se identifican a sí mismos o las referencias son vagas, se sugiere a líderes cristianos conocidos como los autores de los libros del NT. Por ejemplo, respecto al autor de Hebreos se propone a Pablo, Lucas, Clemente de Roma, Bernabé, Silvano, Apolo, Felipe o incluso Priscila.

Por semejanzas en el contenido, la teología, los datos históricos y el estilo literario, es posible que algunos de los libros del NT hayan sido escritos por el mismo autor, o por autores que pertenecían a la misma comunidad de fe o escuela de pensamiento. Sin contar las cartas paulinas, por ejemplo, existen muchos puntos de contacto que llevan a asociar las cartas de Juan con el Evangelio de Juan, a Lucas con Hechos, a Efesios con Colosenses y 2 de Pedro con Judas.

Un creciente grupo de eruditos cree que ciertos escritos del NT son pseudónimos, es decir, que fueron compuestos «en nombre de» o «en lugar de» apóstoles o líderes cristianos de alta reputación. Para preservar el legado de sus ya desaparecidos maestros, algunos de sus discípulos se dieron a la tarea de escribir como si fueran aquellos. Esta fue una práctica común y legítima en aquel tiempo. Fundados sobre este criterio, por ejemplo, algunos críticos dicen que casi la mitad de la correspondencia paulina no es auténtica. Según ellos, Romanos, 1 de Corintios, Gálatas, Filipenses, 1 de Tesalonicenses y Filemón son paulinas; pero que 2 de Tesalonicenses, Efesios, Colosenses, 1 y 2 de Timoteo y Tito no lo son. El asunto de la paternidad literaria de los escritos de Pablo todavía se sigue debatiendo entre los expertos.

Aunque no tenemos información específica de la mayoría de los escritores del NT, sí podemos reconstruir una imagen relativamente acertada sobre ellos a partir de lo que dicen los textos. A esto. lo llamamos autor interno o implícito. Utilizando los textos bíblicos y por medio de un acercamiento inductivo, podemos hacer algunas inferencias razonables sobre sus autores. A partir de este procedimiento aprendemos lo que implica ser un buen líder, maestro, mentor y guardián espiritual. También podemos conocer el tipo de relación que tenían con los destinatarios y entrever algunos de los valores, la ideología y los presupuestos del escritor. Esta técnica es útil para obtener una sana comprensión del NT. A través de estos documentos nos damos cuenta de que los escritores del NT fueron hombres con diferentes trasfondos culturales, educación y formas de pensar; que posiblemente fueron apóstoles, líderes de la iglesia o miembros fieles a las tradiciones apostólicas paulina, petrina, juanina, y otras; y que a pesar de que algunas mujeres hayan podido escribir cartas o documentos de algún tipo, esto no es explícito en los manuscritos que componen el NT.

Si bien la mayoría de los libros parecen ser fruto de un trabajo individual, no podemos descartar completamente la posibilidad del trabajo en equipo. Es decir, en algunos pasajes del NT se sugiere el uso de secretarios o amanuenses, que fue una práctica común en el mundo literario greco-romano. Por ejemplo, algunas de las cartas atribuidas a Pablo parecen haber sido escritas por otras personas: Tercio dice haber escrito la epístola a los Romanos (Ro 16:22); cuando Pablo dice haber escrito «de su puño y letra» en otros pasajes, esto nos permite establecer una diferencia entre sus palabras y las de sus asistentes (1 Co 16:21; 2 Co 13:10; Gl 6:11; Col 4:18; 2 Ts 3:17; Flm 19). Estos secretarios eran personas muy cercanas a los autores y dignas de confianza, y su trabajo consistía en interpretar y poner por escrito las palabras que les eran dictadas o las ideas que se les presentaban. Desconocemos si fueron específicamente contratados para ello, si se ofrecieron voluntariamente, si realizaron esta actividad como parte de su servicio cristiano o si lo hicieron motivados por alguna combinación de estas posibilidades. Aunque no sabemos si todos ellos fueron cristianos, es razonable suponer que sí.

Dado que sabemos poco del método utilizado para escribir los documentos, tampoco es posible determinar hasta qué punto estos colaboradores tuvieron libertad para introducir sus propias ideas, para aclarar las de los autores o si fueron literales en la transcripción de su pensamiento. No podemos precisar qué información vino directamente de los autores y cuál provino de los secretarios, mucho menos saber si los autores tenían ya en mente toda la estructura de los documentos. Esto nos deja con muchas alternativas. Por ejemplo, la transcripción del dictado pudo haber sido palabra por palabra, de forma continua o con intervalos; o el amanuense sencillamente pudo haber resumido en sus propias palabras o editado lo que los autores quisieron decir; también existe la posibilidad de que pudieran haber tenido la libertad para elaborar los documentos simplemente estando bajo supervisión y posterior autorización.

En algunos casos también notamos que la autoría de un documento pudo haber involucrado la participación de otros autores, no siempre reconocidos por los lectores o por la erudición actual. Al inicio de algunas cartas de Pablo, por ejemplo, se mencionan a otros líderes allegados al apóstol, que tal vez pudieron haber tenido algo que decir sobre la elaboración o alguna parte del contenido de las mismas. Entre los más renombrados figuran Timoteo (2 Co 1:1; Flp 1:1; Col 1:1; 1 Ts 1:1; 2 Ts 1:1; Flm 1), Sóstenes (1 Co 1:1) y Silvano (1 Ts 1:1; 2 Ts 1:1). No sabemos con exactitud si se mencionan sus nombres por mera formalidad o artificio literario, pero tampoco podemos descartar que estos líderes hayan tenido cierta influencia sobre el propósito, el contenido y el tono de las cartas paulinas (aunque no pueda precisarse la naturaleza y extensión de dicha influencia). Desde este punto de vista, Pablo sería uno más dentro de un grupo mayor de autores. Sin embargo, parece que el nombre y pensamiento de Pablo prevaleció sobre el de los demás miembros de su equipo ministerial. En especial porque en muchas de sus cartas es notorio un cambio en el lenguaje que va del plural y general, a uno singular y con tono más personal.

Mientras algunos cristianos fueron los redactores y otros los receptores, algunos más tuvieron la responsabilidad de llevar las cartas a su destino final y servir como representantes de los autores. Es decir, hubo personas que fungieron como carteros y embajadores. Estos debían asegurarse de que los destinatarios leyeran y entendieran los documentos y, en nombre de sus autores, reiterar o ampliar los mensajes. En ocasiones estos emisarios debían seguir una ruta determinada. Por ejemplo, la ubicación geográfica de las siete iglesias del Apocalipsis parece sugerir el itinerario que el mensajero debía seguir para llevar ese libro a sus destinatarios (Ap 1:11). Por lo general, estos mensajeros representaban oficialmente a los apóstoles ante los lectores; es decir, eran algo así como «extensiones personalizadas» de la autoridad de quienes los habían enviado. Esta labor fue muy importante, en especial, para el trabajo pastoral que estos líderes realizaban a distancia. Aunque por lo general iban de la mano, el ministerio del mensajero no siempre coincidía con el de cartero.

En la época del NT se acostumbraba enviar correspondencia por intermedio de personas de confianza, pues el sistema postal en realidad no existía y el que había era muchísimo menos efectivo que el de hoy día. Debido a que no se podía estar en varios lugares a la vez, el alto costo de los viajes y las precarias condiciones de comunicación, se hacía uso de este servicio para mantenerse en contacto. Estos servidores también podían llevar instrucciones orales a los destinatarios e incluso pasar tiempo con ellos enseñándoles. Para corresponder a este ministerio, los destinatarios debían escucharlos, obedecer y brindarles hospitalidad. En muchas ocasiones, los mensajeros también llevaban noticias sobre las iglesias a los autores, como en el caso de Timoteo (1 Ts 3:1-13).

Estos mensajeros, al igual que los secretarios, fueron personas de confianza y fieles al Señor. Eran personas cercanas y con integridad moral, tenidas en alta estima por los autores puesto que se expresaban muy bien de ellos. En cierto sentido, los documentos que llevaban estos mensajeros también eran cartas de recomendación a su favor. En el NT, la evidencia sugiere que la mayoría de estos carteros-mensajeros fueron hombres: Estéfanas, Fortunato y Acaico, (1

Co 16:17-18); Tito (2 Co 8:16-24); Tíquico (Ef 6:21-22; cf. vv. 19-20; Col 4:7-9); Epafrodito (Flp 2:25-30; 4:10-20); Onésimo (Flm). Febe sería la excepción en caso de que haya sido ella quien llevara la carta a los romanos (Ro 16:1-2). La identidad de estos carteros y mensajeros no siempre es clara. En la mayoría de los casos desconocemos quién se encargó de llevar los documentos a sus destinatarios. Este es el caso de 2 de Tesalonicenses, 1 y 2 de Timoteo y Tito, la carta llamada «de las lágrimas», que se escribió antes de 2 Corintios (2 Co 1:23-2:4; 7:5-11; y ver 1 Co 5:9), y la epístola a los laodicenses (ver Col 4:16). Lo mismo se aplica a Hebreos, Santiago, 1 y 2 de Pedro, 1, 2 y 3 de Juan y Judas.

Si la colección de libros del NT es resultado del esfuerzo de la iglesia institucional, entonces también debemos considerar como parte de los autores a quienes originaron el canon del NT. Es diferente tratar con la autoría de los documentos individuales, y tratar con la agrupación de todos estos manuscritos en una sola colección; por lo que debemos tomar en cuenta tanto las partes como el producto terminado. Sin embargo, por cuanto no tenemos los manuscritos originales a nuestra disposición, desconocemos el aporte específico de los copistas en los textos del NT; pero es razonable decir que éstos se dedicaron al trabajo editorial, aunque siga siendo un misterio la naturaleza y extensión de su obra.

## Fuentes

Las ideas registradas en el NT no aparecieron mágicamente, como algunos dogmáticos o fanáticos religiosos lo quieren creer. Más bien tuvieron su origen en fuentes literarias y tradiciones orales. Mucho del contenido también se debe a la creatividad y destrezas de los escritores para responder a situaciones concretas que se les presentaron a sus lectores. Sin embargo, con frecuencia los eruditos bíblicos no pueden aclarar qué parte del material es reflejo del uso de una fuente en particular o hasta qué punto la información es contribución original del autor. Aunque la teología dogmática de la iglesia ha dicho que el Espíritu Santo es la fuente de inspiración de los escritores, desde un punto de vista más contextual no podemos negar u obviar que estos autores se valieron de recursos humanos para comunicar sus mensajes con mayor efectividad. Por ejemplo, en el prólogo a su evangelio, además de hablarnos de la existencia de «varios evangelios», Lucas demuestra el valor de la investigación, el uso de fuentes escritas u orales y la redacción de los datos con un propósito definido (Lc 1:1-4; cf. Hch 1:1).

Por otro lado, los escritores cristianos utilizaron la Septuaginta, una popular traducción griega de las Sagradas Escrituras hebreas. Según una leyenda, que se encuentra en la *Carta de Aristeas*, se dice que la Septuaginta fue creada de manera «milagrosa» por setenta y dos expertos hebreos que se agruparon en doce grupos de seis, que trabajaron durante setenta y dos días y, según se dice, hicieron una traducción «perfecta» al griego. Para reforzar sus argumentos y demostrar que las profecías del AT se habían cumplido en él y demostrar que Jesús era el Mesías prometido de Israel y Salvador del mundo, los autores del NT no citaron el texto hebreo original, sino que se valieron de citas directas, paráfrasis o simples alusiones a la Septuaginta. Además, siguieron los métodos de interpretación utilizados por los rabinos. Esta estrategia daba fundamento a sus argumentos y posibilitaba la efectividad de sus mensajes.

Los autores neotestamentarios, además, usaron la *tradición oral* y otros documentos cristianos. Por ejemplo, se cree que Marcos —supuestamente el primer evangelio escrito (66-70 d.C.)— tuvo como fundamento la tradición oral sobre Jesús; aunque algunos estudiosos sugieren que también usó un posible documento primitivo que pudo haber incluido una colección de parábolas (cap. 4), profecías (cap. 13), relatos de milagros y una versión más antigua de la pasión de Cristo (caps. 14-15). Se especula que Mateo —que tal vez siguió en orden cronológico— utilizó el Evangelio de Marcos como documento base, una fuente llamada «M» (material que sólo aparece en Mateo) y una llamada «Q» (por lo general dichos de Jesús que también aparecen en Lucas). Lucas, por su parte, también utilizó a Marcos, una fuente llamada «L» (material que sólo aparece en Lucas) y «Q». Es posible que haya tomado alguna información de Marcos, Mateo y Lucas, por sus singularidades teológicas el Evangelio de Juan es un documento independiente, aunque detrás de su composición está el uso de la fuente de «señales o milagros» y «los discursos de Jesús». En la composición del libro de Hechos se cree que su autor no sólo utilizó información provista por alguien que viajó con Pablo (ver las referencias en pasajes donde esta persona se incluye usando la palabra *nosotros* e ideas similares: 16:10-17; 20:5—21:18, capítulos 27—28), sino también otras fuentes que posiblemente provenían de Jerusalén (capítulos 1—5 y 8—12) y de Antioquía de Siria (6:1—8:4; 11:19-30 y capítulo 15) y algunas tradiciones sobre Pablo (capítulos 9, 13—14 y 15:35—28:31).

Las cartas de Efesios y Colosenses son tan parecidas que es posible que una haya sido la copia editada de la otra; lo mismo sucede entre 2 de Pedro y Judas. Santiago parece depender de algunas de las enseñanzas del Sermón del Monte pronunciado por Jesús. El escritor de 2 de Pedro no sólo conoce las cartas de Pablo, sino que afirma su autoridad y las utiliza para reforzar sus enseñanzas (2 P 3:14-16). En muchos textos del NT encontramos alusiones a conceptos, valores y prácticas tomadas del mundo greco-romano y documentos no-cristianos (Hch 17:23; 1 Ti 3:4-5; Ti 1:12). Este es el caso de Judas, en el que se citan libros apócrifos del AT como la Asunción de Moisés y Enoc. De la misma manera se toman y redefinen ideas del gnosticismo (en los escritos de Juan), de los estoicos y del rabinismo de aquel entonces (en las cartas paulinas).

## Destinatarios

Al pensar en el NT como un fenómeno histórico-literario, debemos tomar en cuenta dos tipos de lectores. En primer lugar, como un producto acabado y compilado en el llamado canon, el NT tiene como destinataria a la iglesia universal, es decir, a todos los cristianos en general. Colocarlos en «una lista oficial de libros sagrados», sin duda buscaba preservar ese legado para la posteridad y permitir que futuras generaciones cristianas pudieran hacer las necesarias conexiones históricas con el origen y desarrollo de su fe. Desde esta perspectiva canónica, es apropiado afirmar que los libros del NT fueron compilados pensando en nosotros. Sin embargo, desde una perspectiva más específica, los destinatarios primarios de los escritos individuales del NT fueron los cristianos del primer siglo: hombres y mujeres de primera, segunda y hasta tercera generación que depositaron su fe en Cristo y decidieron seguirlo. Así pues, los documentos individuales del NT en verdad no fueron escritos para nosotros. Más bien fueron motivados por y dirigidos a congregaciones y líderes cristianos que vivieron durante los primeros cien años después de Cristo. De allí que el NT no refleje exactamente nuestra manera de ser, cultura, historia, prácticas y valores. Esta es una de las principales razones, sin importar cuánto nos esforcemos, por las que no podemos entender muchos pasajes.

Es cierto que muchas veces no es posible precisar la identidad específica de los destinatarios originales, en especial porque éstos son muy variados y el NT no suministra mucha información. Por ejemplo, algunos autores se dirigieron a los cristianos en general, es decir, a un grupo amplio de creyentes (Mateo, Marcos, Juan, Hebreos, Santiago, 1 y 2 de Pedro, 1, 2 y 3 de Juan, y Judas). Otros autores lo hicieron a iglesias locales, es decir, a congregaciones que se reunían en hogares y estaban en regiones o ciudades específicas (Romanos, 1 y 2 de Corintios, Gálatas, Efesios, Filipenses, Colosenses y 1 y 2 de Tesalonicenses). Unos más lo hicieron para un grupo específico de iglesias (como el Apocalipsis que se dirige a las iglesias de Éfeso, Esmirna, Pérgamo, Tiatira, Sardis, Filadelfia y Laodicea). Otros escribieron para líderes prominentes de la iglesia; por ejemplo, Lucas y Hechos fueron escritos para Teófilo, y algunas de las cartas paulinas para Timoteo, Tito y Filemón. Es posible que 2 de Juan haya sido escrita a una matrona en cuyo hogar una congregación adoraba a Dios y aprendía sobre la fe cristiana. Aunque en muchas ocasiones el perfil no es tan claro, estos lectores primeros fueron judíos (palestinos o helenistas), gentiles o una mezcla de ambos. A partir de lo que sugieren los documentos sobre la composición étnica de sus destinatarios, los eruditos no siempre pueden identificar a estos grupos con claridad. Lo que sí es seguro es que los lectores por lo general vivieron en las regiones de Palestina, Asia Menor, Grecia, Roma y áreas contiguas.

Al igual que con los autores, la información es escasa y por esto sabemos muy poco de los destinatarios originales del NT. Las iglesias de Roma y Corinto son la excepción, pues de la correspondencia dirigida a ellas podemos inferir un perfil parcial sobre la identidad, virtudes, vicios y desafíos de estos creyentes. Lo mismo puede decirse sobre los líderes a quienes Pablo escribió algunas de sus cartas (Timoteo, Tito y Filemón). Así pues, partiendo de lo que afirman o insinúan los documentos del NT acerca de sus lectores, podemos reconstruir un cuadro general sobre ellos. De esta reconstrucción inductiva, aprenderemos acerca de los aciertos y desaciertos de los primeros cristianos y sobre cómo respondieron a los retos presentados a su naciente fe. Por medio de esta metodología, también podemos aprender lo que significaba ser obedientes o infieles al evangelio, y algo sobre las luchas de poder que se dieron entre ellos.

## Lugares y fechas de composición

Si precisar la autoría y destinatarios del NT es un camino cuesta arriba, identificar los lugares y las fechas en que se escribieron estos libros, es una batalla casi perdida. Debido a que los documentos fueron escritos por razones personales y pastorales, los autores no siempre incluyeron detalles sobre el lugar y fecha en que lo hicieron (algo que es importante para nosotros si vamos a comprender mejor las circunstancias históricas que motivaron los documentos). Por otra parte, los escritores originales ni siquiera se imaginaron que sus obras habrían de formar parte de «un grupo de libros sagrados» que leerían otras generaciones cristianas, y que quienes más tarde los estudiaran querrían obtener esa información. A veces podemos hacer ciertas deducciones aproximadas sobre los lugares de composición, pero en cuanto al asunto de las fechas es prácticamente imposible. De hecho, el tema de la cronología en la Biblia es uno de los temas más subjetivos y difíciles para los eruditos.

A pesar de estas limitaciones, los estudiosos han podido leer entre líneas y han sugerido varias ciudades o regiones como posibles lugares de composición para un cierto grupo de libros. Entre las ciudades más populares figuran Éfeso, Corinto, Antioquía de Siria, Roma y Cesarea. Lo que sí sabemos, de manera general, es que los documentos del NT fueron escritos entre las regiones de Palestina, Asia Menor, Grecia e Italia.

En relación con las fechas, solamente podemos hacer generalizaciones. Contrario al AT, que fue escrito más o menos en mil años y que cubre cerca de tres mil años de historia, los documentos del NT fueron escritos más o menos en 50 años (entre el 50 y el 100 d.C.) y cubren un período histórico aproximado de no más de cien años. Estas cifras son conservadoras, pues algunos eruditos extienden este período hasta la primera parte del segundo siglo. Se cree que entre el Jesús histórico y el primer manuscrito sobre él (posiblemente el Evangelio de Marcos, 66-70 a.C.) hubo un espacio de treinta a treinta y cinco años. Los documentos más antiguos, sin embargo, parecen ser que algunas de las cartas paulinas fueron posiblemente escritas entre el 50 y el 64 d.C. Parece que la última obra que fue escrita alrededor del 95 d.C. (posiblemente el libro del Apocalipsis). Así pues, y desde este punto de vista, a lo sumo, el NT abarca unas tres generaciones.

Es posible que los primeros cristianos hayan puesto por escrito sus reflexiones sobre Jesús mucho antes del tiempo sugerido arriba. Pero esa información no está a nuestra disposición. ¿Por qué tardaron tanto en poner las ideas por escrito? En primer lugar, los primeros creyentes no vieron la necesidad de tener sus propios documentos. A fin de cuentas, tenían las Sagradas Escrituras hebreas como fuente de autoridad (aunque las interpretaron cristológicamente). Segundo, la mayoría de los habitantes del mundo antiguo eran analfabetas; leer y escribir era el privilegio de un grupo reducido. Así que ya fuera por preferencia o porque no había otro medio, la mayoría utilizaba la comunicación oral. Por eso la iglesia primitiva se sentía cómoda con la proclamación y enseñanza verbal del evangelio. Tercero, es posible que la esperanza del regreso inminente de Jesús, del establecimiento final del reino y la destrucción del mundo, hayan cooperado para ese retraso. Así pues, es posible que pocos se preocuparan por seleccionar, copiar, editar y compilar documentos cristianos. Cuarto, mientras los testigos oculares de Cristo estuvieron vivos no hubo necesidad de poner nada por escrito, pero, tal vez, en la medida en que estos comenzaron a morir la iglesia se vio en la necesidad de preservar el legado ideológico de quienes fueron la única conexión directa con el Jesús histórico.

## *Propósitos*

Cada libro del NT fue escrito por separado y para satisfacer las necesidades específicas que presentaban las congregaciones o individuos. Es decir, fueron el resultado de circunstancias sociales concretas y de la visión personal de sus creadores. Sin embargo, la iglesia temprana vio en estos documentos algo más profundo y esto la llevó a agruparlos y conservarlos como un todo. ¿Qué la motivó? ¿Qué razones tuvieron sus receptores para preservar estos escritos para el futuro? ¿Cuál sería el propósito último detrás de ello?

El NT no contesta abiertamente estas preguntas. Sin embargo, si los criterios de organización de los libros (que ya expusimos) son acertados, podemos hacer las siguientes conjeturas: Primero, el NT busca explicar cómo se originó, creció y se esparció la fe cristiana por todo el mundo greco-romano, desde el tiempo de Jesús hasta la formación de las iglesias domésticas y su liderazgo. De esta forma los cristianos de aquel entonces pudieron trazar la historia de su religión a partir del contenido y secuencia cronológica de estas fuentes. El orden de los libros del NT, como ya lo señalamos, parece sugerir este objetivo.

Segundo, también nos damos cuenta de que la iglesia primitiva vio al NT como la fuente de doctrina básica y normas de comportamiento del cristianismo. Como tal, el NT proveyó los «criterios» de evaluación para los cristianos en medio de un mundo de multiformes tradiciones religiosas. Tanto en aquel entonces como ahora, los cristianos han apelado a las enseñanzas del NT para explicar y legitimar sus creencias fundamentales, misión y ministerio.

Tercero, cada documento del NT fue escrito bajo el presupuesto de que su contenido habría de aclarar, fortalecer, inspirar y desarrollar la fe de sus lectores. La presuposición, y finalidad última, fue mantener e intensificar la plena confianza y el compromiso absoluto con Cristo, a pesar de la gran oposición que muchas veces enfrentaron. Es decir, nunca debemos olvidar que son documentos pastorales que procuran guiar y discipular a su audiencia.

Por último, también podemos afirmar que los libros del NT nutrieron la identidad social tanto de sus lectores como de sus compiladores y editores. Gracias a las enseñanzas contenidas en esta parte de la Biblia, los cristianos pudieron construir su identidad religiosa tanto personal como comunitaria. En otras palabras, el NT no es sólo la compilación de los hechos históricos de un movimiento religioso. Para quienes han decidido creer en y seguir a Jesucristo, el NT responde a las siguientes preguntas básicas: «¿De dónde venimos?», «¿Quiénes somos?», «¿Qué creemos?», «¿Cómo debemos comportarnos?», «¿Cuál es nuestra misión y ministerio en la vida?», «¿Qué nos espera en el futuro según el plan divino?» y «¿Hacia dónde nos dirigimos?»

## Idiomas

El texto del NT fue escrito en el idioma que se usaba con mayor frecuencia en el imperio greco-romano, es decir, en el griego *koiné* («común»). En cuanto a estructura, gramática y sintaxis, este tipo de griego es una versión más sencilla del clásico. La koiné fue el idioma que utilizó la mayoría de la gente en aquel entonces para comunicarse internacional e interculturalmente, sobre todo en el comercio.

Luego del proceso de helenización encabezado por Alejandro Magno (356-323 a.C.), la koiné se convirtió en la lengua dominante del imperio, sobre todo en las regiones del oriente de la cuenca del Mar Mediterráneo. Así que fue muy importante para la comunicación de la fe en Cristo, tanto en su forma oral como escrita. La koiné se utilizó en la Septuaginta (la traducción griega del texto hebreo del AT), que fue muy popular y citada entre los cristianos de la iglesia primitiva. Luego de la expansión de la fe cristiana a otros lugares fuera de Palestina, la gran mayoría de los creyentes en el mundo gentil parece haber utilizado la koiné. Esta forma de griego fue la lengua popular entre los judíos que luego se convirtieron a la fe cristiana y vivieron fuera de Palestina (ver Hch 9:29; 11:20; 14:1; 16:1, 3; 17:4, 12; 18:4; 19:10, 17; 20:21; 21:28; Ap 9:11). Es posible que ciertos libros del NT hayan sido escritos originalmente en arameo o hebreo, pero no podemos saberlo con toda seguridad. Por ejemplo, Orígenes de Alejandría, de acuerdo con una cierta vertiente de tradición oral, indica que Marcos fue escrito en hebreo. Hay algunas hipótesis en cuanto a otros documentos del NT que merecen un estudio más detallado que pueden hacer quienes tengan interés en profundizar sobre este asunto.

La coyuntura es apropiada para mencionar que en Palestina se hablaba —o al menos se tenía conocimiento de— otras lenguas además del griego koiné, y el NT deja ver que esas lenguas eran el arameo, el hebreo y el latín (ver Mc 7:26; Jn 19:20; Hch 6:1). A esta lista debemos agregar los idiomas y dialectos propios de otros grupos étnicos que había en cada rincón del imperio greco-romano (ver Hch 2:1-11; 10:46; 14:11; 19:6), de los que los escritores del NT estaban al tanto, porque con ellos habrían de testificar sobre Cristo como Señor y Salvador (Ro 14:11; Flp 2:11; Ap 5:9-10). Es muy posible que Jesús tuviera conocimiento de otros idiomas aparte del arameo, su lengua materna (ver Mc 7:34; 15:34; Jn 7:35; 12:20; Hch 26:14). Lo mismo se cree del apóstol Pablo (Hch 21:37, 40; 22:2; 2 Co 11:22; Flp 3:5; cf. 1 Co 14:18-19) y de otros líderes y las comunidades cristianas (Jn 5:2; 19:13, 17; 20:16; Hch 1:19; 11:20; 14:1; 17:4; 18:4; Ap 9:11; 16:16). Esta situación es similar a la de algunos países latinoamericanos o la misma Europa actual, en donde muchas personas manejan bien varios idiomas. El idioma que los judíos hablaban entre ellos fue el arameo (Mt 1:22; Jn 5:2; 19:13, 17; 20:16; Hch 1:19; Ap 9:11; 16:16). El hebreo, muy cercano al arameo (tal como el español respecto a otras lenguas romances), fue el idioma en el que se escribió el texto del AT y sobre el que se fundamentan nuestras traducciones contemporáneas. Por su lado, el latín fue la lengua de los romanos y el medio de comunicación oficial de sus resoluciones (Jn 19:20).

## Formas literarias

Puesto que el NT es una pequeña-gran biblioteca, es natural que encontremos un colorido mosaico literario en su contenido y formato. De hecho, hay una gran variedad de géneros y estilos que tienen que ver con el buen escribir. Por supuesto, lo que encontramos en el NT no es comparable con la riqueza literaria del AT, o la compleja erudición de la literatura greco-romana clásica. La sofisticación con que están escritos Lucas y Hebreos son la excepción.

Echando mano de la llamada retórica —tanto de los rabinos como de otros autores greco-romanos— los escritores del NT utilizaron una amplia variedad de principios y tácticas para comunicar sus ideas y para persuadir a sus lectores con mayor efectividad y eficacia. Así pues, en el NT encontramos ejemplos de:

- discursos (Mt 5:3-7:27; Hch 7:2-53; 13:16-41);
- aforismos o dichos cortos (Mt 10:24-25; Mc 10:43-44; Lc 13:24);
- sermones (2 Co 6:14-7:1; Hebreos; 1 P 1 y 2);
- listas de vicios y virtudes o catálogos de valores y conductas apropiadas e inapropiadas (Ro 1:29-31; Gl 5:19-23; Col 3:5-8; 1 Ti 3:2-7);
- tópicos de discusión común (Ro 13:1-7; Stg 2:1-13; 2:14-26; 3:1-12);

- exhortaciones morales (Ro 12:1-21; 14:1-22; 1 Ts 5:1-12; 1 Co 8:1-13; Santiago);
- historias cortas (Mt 3:13-15; Mc 10:17-22; Lc 3:10-14; 10:17-20);
- himnos litúrgicos (Flp 2:5-11; Col 1:15-20; 1 Ti 6:15-16);
- oraciones (Ro 1:9; Flp 1:4; 1 Ts 1:2; Col 1:3);
- bendiciones (Ro 1:25; 16:25-27; 2 Co 11:31; Flp 4:20);
- poemas (1 Co 13:4-8a; 2 Co 4:8-10; 2 Ti 2:11-13; 1 Jn 2:12-14);
- credos (Ro 10:9-10; 1 Co 15:3-7; Ef 4:4-6; 1 Ti 3:16);
- apocalíptica y profecía (Mc 13:1-37; 1 Co 7:29-31; 1 Ts 4:13-5:11; 2 Ts 2:1-12);
- quiasmos (paralelismos de ideas presentado en forma inversa) (Ro 10:19; 11:33-35; 1 Co 6:12-14; 13:8-13);
- ejemplos morales (Stg 2:20-26; 5:10-11, 17-18);
- parábolas (Mt 13:1-58; Lc 14:15-24; 15:1-32);
- relatos de milagros (Mt 12:22-30; Mc 1:23-28; Lc 7:1-10);
- genealogías (Mt 1:1-17; Lc 3:23-37);
- interpretaciones al estilo rabínico (Gl 3:6-18; 4:21-31; Ro 10:6-13; 1 Co 10:1-5; 15:54-55);
- ensayos literarios (1 Juan);
- diálogos recreados con adversarios (Ro 2:1-5; 3:1-9; 11:17-24; Stg 2:14-26); y otros más.

De este vasto mar de recursos de comunicación, las cartas o epístolas representan el género literario más importante y el medio de comunicación predilecto por los autores del NT. Por lo menos 21 de los 27 documentos pertenecen a ese género. Las únicas en que hay discusión son Hebreos (que más bien sería un «sermón» o «palabra de exhortación»), Santiago (que sería una «colección de exhortaciones y máximas morales») y 1 Juan (que es un «ensayo teológico»). También encontramos «cartas» que están incluidas en otros documentos del NT, por ejemplo, las cartas a las siete iglesias de Asia, que se encuentran en el libro de Apocalipsis (Ap 2:1-3:22; cf. Hch 15:22-29; 23:25-30).

Al género epistolar le sigue la narrativa pero en menor proporción; partes de los Evangelios y Hechos son los únicos ejemplos en el NT. La prosa es el estilo de comunicación dominante; la poesía se usa con mucho menos frecuencia y casi siempre de forma incidental (por ejemplo, 1 Co 13:4-8a; 2 Co 4:8-10; 2 Ti 2:11-13; 1 Jn 2:12-14). Es importante destacar que el *evangelio* es un género literario único de la fe cristiana en comparación con otras formas literarias de la antigüedad. Arraigado en hechos históricos, principalmente es una especie de sermón escrito que busca inspirar y fortalecer la fe de sus lectores. No es narrativa, historia, relatos sobre milagros, biografía o leyenda, aunque tiene elementos de todos ellos. Por eso los expertos afirman que, como tal, no existe un paralelo exacto al evangelio en el mundo intelectual judío o greco-romano. En contenido y forma, el género del evangelio es único.

El conocimiento básico de todos esos medios de comunicación, y de los lineamientos metodológicos que los rigen, son cruciales para poder hacer una buena lectura contextual de los textos neotestamentarios. Es decir, para entenderlos mejor, es necesario prestar atención no sólo al contenido de cada uno de ellos, sino también a la forma o estructura, a la función y propósito en cada pasaje. Dependiendo de los artificios literarios que un autor utilice, un versículo o texto puede tener un sentido literal, metafórico o ambos. El estudiante debe consultar la literatura especializada que existe sobre esto ya que le será de mucha ayuda no sólo para su conocimiento del NT, sino también para la aplicación que desee hacer.

## *Perspectiva*

Todo documento histórico —individualmente o agrupado en una colección— refleja los puntos de vista y los valores de sus creadores, sus lectores y el mundo que los rodea. La objetividad y neutralidad absolutas no son posibles, y mucho menos prácticas. Esto mismo se aplica a la historia, la naturaleza y el alcance de la Biblia. Aunque podemos mencionar muchas perspectivas desde las que se escribió el NT, una en especial permea sus ideas y prácticas: la masculina. Toda la vida social de aquel entonces giraba en torno al hombre. La imagen, la posición y la función de la mujer estaban subordinadas al punto de vista del «varón». La noción de igualdad, tal como la definimos hoy día, no existía.

El NT está escrito desde una perspectiva androcéntrica y patriarcal. Es decir, donde el hombre era el centro, la fuente, el criterio y la medida de las relaciones sociales en la vida tanto dentro como fuera del NT. Por lo general, a las mujeres se les consideraba y trataba como seres «inferiores» a los hombres y, al excluirlas de la vida pública y posiciones de poder, fueron sometidas y oprimidas. Una lectura del NT muestra con claridad la presencia de esta ideología y sistema social. El lenguaje, las actitudes y los patrones de conducta imperantes son androcéntricos en vez de humanocéntricos. Jesús, los apóstoles, las iglesias y el resto de la sociedad judío-gentil, se desarrollaron dentro de este ambiente y lo legitimaron (aunque hubo algunos cambios ligeros que mejoraron la condición de la mujer).

En el NT las referencias a las mujeres son mínimas, o casi inexistentes en comparación con las referencias hechas a los hombres. Muchas veces ellas permanecen en el trasfondo de las historias, en el anonimato o no se les toma en cuenta (por ejemplo, ver Mt 14:21; 15:38). Las mujeres aparecen con una posición subordinada a los hombres o desempeñando roles domésticos como hijas, esposas, madres, abuelas, viudas y otros similares. Pero en aquel entonces la subordinación era vista como algo «honorable» y «deseable». Por ejemplo, la mujer soltera se sometía a su padre, y la casada, a su esposo (Ef 5:22-24; 1 P 3:1-6), y cuando viuda, dependía de sus hijos o nietos (1 Ti 5:4). No tener conexión con un hombre era vergonzoso. Cuando una mujer hacía algo deshonroso de acuerdo a las reglas de la cultura, se le tildaba de prostituta, adúltera, idólatra o seductora, y estos calificativos eran estigmas imborrables (ver Jn 8:1-11; 1 Co 6:15-16; 1 Ti 2:13-15; Stg 2:25-26; Ap 2:20-21; 17:1-18); aunque a veces también se le podía considerar como un ser frágil (1 Ts 4:4; 1 P 3:7) que se debía cuidar.

Al igual que los esclavos, la mujer fue objeto y posesión del hombre, y podía cederse legalmente como en el caso del «compromiso matrimonial» (Mt 1:20; 2 Co 11:2). El hombre podía divorciarse de la mujer casi por cualquier excusa (Mt 5:31-32; 19:1-12). El estatus de la mujer empeoraba cuando se añadían categorías sociales como raza, cultura, estado civil y otras. (Mc 7:24-30). Las esclavas podían ser tratadas como objetos sexuales. Al enviudar, la mujer era objeto de caridad, lo mismo que sus hijos (Lc 18:1-8; Stg 1:26-27; 1 Ti 5:3-16). La herencia pertenecía a los hijos varones (Lc 15:11-32) y la descendencia se trazaba por medio del padre (Mt 1:1-17; Lc 3:23-37).

Aunque Dios envió a su hijo Jesús a salvar al mundo (Jn 3:16), la historia de la iglesia, tal y como se revela en el NT y otra literatura cristiana temprana, fue escrita por y para los hombres. Los doce apóstoles fueron todos varones (Mc 3:13-19). Los títulos de los libros del NT que llevan nombres de personas son de hombres (Mateo, Marcos, Lucas, Juan, etc.). La perspectiva masculina permeaba todo lo relacionado con Dios y sus acciones con el pueblo. Las imágenes y el lenguaje para hablar acerca de Dios eran exclusivamente masculinas: tanto Jesús como sus seguidores se refieren a él como Padre celestial (Mt 6:9; Jn 14:2; Ro 1:7; Jud 1). A pesar de haber sido las primeras en presenciar la tumba vacía (Mt 28:8-10), los nombres de estas mujeres no se mencionan en conexión con la resurrección de Jesús (1 Co 15:3-8). Por causa de su género, las mujeres sólo podían desempeñar ciertos papeles, normalmente dentro del campo doméstico y privado, pues pasaban tiempo considerable procreando, administrando asuntos de la casa y educando a los niños (Mt 8:15; Mc 14:3-9; Lc 10:38-42; 1 Ti 5:1-16). No poder tener hijos era vergonzoso (Lc 1:5-7). Incluso hubo intentos para controlar el atavío de las mujeres y su participación en el culto y el ministerio (1 Co 14:34-35; 1 Ti 2:9-15). Solamente en unos cuantos textos se habla de Dios con lenguaje femenino y cumpliendo funciones femeninas (Mt 13:33; Lc 15:8-10; 13:34; Stg 1:17-18). A través de todo esto observamos que los autores del NT refuerzan los patrones de la cultura dominante, y por esa misma razón parece no tomarse en cuenta o respetar la dignidad e individualidad de la mujer.

A pesar de lo dicho, la situación de las mujeres en el tiempo del NT no fue tan precaria como la de las mujeres en el AT o la sociedad greco-romana. Hubo mujeres excepcionales —especialmente en centros urbanos y de la clase alta— que se las arreglaron para sobresalir en medio de esa sociedad patriarcal (Hch 17:4, 12). Muchas mujeres liberadas por el evangelio dejaron su huella en la historia. Para Lucas, por ejemplo, María es un ejemplo de discipulado cristiano (Lc 1:46-55), lo mismo que Ana (Lc 2:36-38) y Dorcas (Hch 9:36-43). Jesús destacó el ejemplo de las viudas (Mc 12:41-44) y tomó partido a favor de un mejor trato para las mujeres (Mc 10:1-12; Jn 4:1-42; 8:1-11). Lo mismo hizo Pablo (Hch 16:13; 1 Co 6:12-20; 7:1-5; 11:2-16; 1 Ti 5:3-16), si bien no siempre fue consistente en ello (1 Ti 5:11-13; 2 Ti 3:6-9). Muchas mujeres patrocinaron el ministerio de Jesús con sus bienes (Lc 8:1-3; Hch 16:14-15; Ro 16:1-3, 6, 12-13, 15; 1 Co 1:11; 16:15; Flp 4:3). Algunas mujeres de la nobleza se convirtieron a la fe cristiana y fueron sus benefactoras al ofrecer sus hogares para que allí se reuniera la iglesia (2 Juan). Otras mujeres, por ejemplo, profetizaron (Lc 2:36; 1 Co 11:5), predicaron y, como Priscila y Febe, hasta establecieron comunidades de fe (Ro 16:3-5; 1-2). Las enseñanzas de Jesús, y de algunos de sus discípulos, tuvieron algo que ver con esta tenue pero creciente redefinición de roles. Sin duda, en ellas hubo «un germen revolucionario» que condujo a cambios en las relaciones humanas, pero que no fue aprovechado en toda su extensión (1 Co 11:11; Gl 3:28). Por lo que ahora a nosotros nos corresponde llevar estas enseñanzas más allá del contexto y propósitos originales.

## ¿Por qué se le llama «Nuevo» Testamento?

Para responder apropiadamente necesitamos hacer algunas consideraciones previas. En primer lugar, debemos saber que existen dos respuestas que se complementan mutuamente y que son igualmente válidas. Y la razón es que la frase «Nuevo Testamento» puede referirse tanto a la segunda sección de la Biblia conformada por 27 libros, como al Nuevo Pacto establecido entre Dios y la humanidad por medio de la muerte de Cristo (y antes de que se formase el canon del NT). Es decir, puede aplicarse tanto al título que la iglesia dio a esta segunda colección de libros sagrados, como al evento histórico que lo motivó, y ahora da testimonio y representa dicho pacto. Esta frase apunta a ambas realidades. Segundo, hablar de un NT automáticamente implica hablar de la existencia de uno «viejo». De modo que al explicar por qué se le llama nuevo, también debemos aclarar por qué hay otro al que se le llama antiguo. No podemos entender al uno sin explicar al otro. Tercero, el origen, desarrollo y relevancia de estos nombres —Antiguo Testamento y Nuevo Testamento— están conectados al significado original del vocablo *testamento*, a su historia y al significado teológico atribuido por la iglesia a ese concepto. Vamos a desenredar un poco todos estos puntos.

A simple vista, y en el español, la palabra *testamento* comunica la idea de un documento mediante el cual una persona declara su última voluntad y dispone de sus bienes para después de su muerte. Con esta idea fácilmente podría concluirse que en el NT encontramos «la última voluntad» de Dios como depósito final y absoluto de revelación divina. Sin embargo, esta idea está muy lejos del concepto detrás de la palabra. Originalmente «testamento» significaba pacto, acuerdo o convenio. Tanto en el hebreo (*berit*), como en el griego (*diazeke*) y en el latín (*testamentum*), la palabra normalmente se utilizaba para señalar un acuerdo solemne realizado entre dos partes y confirmado por medio de un juramento. Por ser un asunto formal, este acuerdo implicaba promesas y responsabilidades mutuas. De allí que una traducción más precisa para estos documentos sería Antiguo Pacto y Nuevo Pacto, respectivamente. Con esta aclaración nos damos cuenta de que los cristianos de la iglesia primitiva utilizaron el concepto de pacto para hablar sobre las relaciones históricas y oficiales que Dios instituyó con su pueblo antes y después del tiempo de Cristo. Así pues, al comienzo, las expresiones se aplicaron a dos convenios concretos por orden cronológico y de importancia. Ya después se utilizaron para designar a la «primera» y la «segunda» parte de la Biblia cristiana una vez formada, precisamente porque representan las dos distintas ocasiones y modos en que Dios se ha relacionado directamente con la humanidad.

Durante el primer siglo de nuestra era, y ya bajo la luz de la persona y obra de Cristo, los cristianos comenzaron a aplicar los títulos de «Antiguo Pacto» y «Nuevo Pacto» a esos convenios divino-humanos. Antes de Cristo, y según la interpretación teológica de la iglesia primitiva, Dios había hecho un convenio o pacto formal con Israel en el monte de Sinaí cuando lo rescató de la esclavitud en Egipto (Ex 19-20, 24; cf. Dt 5). En ese trato Dios se comprometió a proteger y bendecir a Israel siempre y cuando éste le fuera fiel y obedeciera la Ley que dio a Moisés (el mediador entre Jehová e Israel y el pacto entre ellos). La desobediencia a las 613 reglas de este pacto, contenidas en los libros de Éxodo, Levítico, Números y Deuteronomio, resultaría en destrucción (ver Dt 28–29). Tal como la historia lo revela, el pueblo hebreo violó dicho pacto una y otra vez, y pagó con creces las consecuencias de su deslealtad. Sin embargo, Dios siempre permaneció fiel a su acuerdo y se lo confirmó a un remanente fiel. Por eso, unos seiscientos años antes de Cristo, el profeta Jeremías prometió que Jehová habría de sustituir «el antiguo pacto» (cf. Is 55:3; 61:8; Jer 32:40; Ez 16:60) con «un nuevo pacto» (Jer 31:31). Hasta que ese entonces llegara, el pacto con Moisés sería la norma de vida para Israel. A este acuerdo los cristianos lo denominaron «el Antiguo Pacto».

Con el tiempo, de acuerdo con ellos, este viejo pacto fue «superado» y «reemplazado» por otro. De acuerdo con Jeremías 31:31-34 (cf. Ez 36:26-27), los cristianos concluyeron que las palabras proféticas de dicho texto se cumplieron con Cristo, y que ese nuevo pacto había sido instituido por el mismo Jesús durante la Pascua judía cuando —en vísperas de su arresto, juicio y sacrificio— dijo que el vino en la copa simbolizaba «la sangre del nuevo pacto» en su muerte (Mt 26:28; par. Mc 14:24; Lc 22:20). Así pues, el convenio establecido por Jesús fue algo más que la mera continuación de las promesas hechas a Israel. En realidad marcó el inicio de un nuevo orden de salvación. En esta nueva época, la obediencia a la Ley ya no sería el único medio de relacionarse con Dios. Ahora sería la fe en Jesús el Cristo como Señor y Salvador, así todos tendrían acceso directo a la gracia divina. Los sacrificios y servicios de los sacerdotes ya no serían necesarios. Sin importar su raza y/o cultura, el perdón de los pecados, la salvación y la vida eterna se ofrecerían gratuitamente a toda persona y serían accesibles mediante la fe y su compromiso. Cuando derramó su sangre, Jesús selló este nuevo pacto entre Dios y los seres humanos (cf. Ex 24:8). Como se puede ver, es Jesús quien origina, media y consuma ese nuevo convenio (Hch 3:25-26; Ro 11:27; 1 Co 11:25; 2 Co 3:6; Gl 3:15-17; Heb 9-11; Ap 11:19; 21:3). Por lo tanto, los cristianos entienden el primer convenio como figura y anticipo del segundo. El AT halla su cumplimiento —plena realización— en el NT. Así pues, al principio las frases Antiguo Testamento y Nuevo Testamento se refirieron principalmente a los dos pactos históricos y los aspectos teológicos implícitos, no a los documentos en sí mismos.

La conexión entre dichos pactos y los respectivos documentos judíos y cristianos estuvo ausente durante mucho tiempo. Con el correr de los años, y puesto que los cristianos se consideraban «herederos del Nuevo Pacto» en virtud de su fe en Cristo y, aunque no fue esencial para definir su fe, los primeros creyentes atribuyeron los nombres de «Antiguo Pacto» y «Nuevo Pacto» a los documentos que conformaban las secciones principales en que eventualmente dividieron sus Escrituras Sagradas (el canon del AT y el canon del NT). Esta conexión se comenzó a hacer a finales del segundo siglo. Clemente de Alejandría (150-215 d.C.) fue el primero, y luego Tertuliano de Roma (150-230 d.C.) usaron los términos Antiguo Testamento y Nuevo Testamento para referirse a ambas partes de la Biblia en formación. De esta manera fue que se convirtieron en títulos para estos documentos.

Para el siglo cuarto, la iglesia llamaba «Antiguo Pacto» a la colección de libros en donde la obediencia a la Ley Mosaica era central (la versión griega de la Biblia Hebrea), mientras que a los libros sagrados en donde la fe en Cristo era la norma y criterio les denominaron «Nuevo Pacto». Por esa misma época, en su traducción al latín de pasajes claves del AT (*Vulgata*), Jerónimo (347-419 d.C.) tradujo el término griego *diazeke* como «testamento» (*testamentum*), no sólo para referirse a los dos medios utilizados para la relación entre Dios y la humanidad (la Ley y Jesús), sino también para identificar a las respectivas secciones de la Biblia. Desde ese entonces los cristianos hemos utilizado esos nombres. Así pues, las expresiones «Antiguo Pacto» y «Nuevo Pacto» son construcciones teológicas cristianas que colocan a Cristo como la fuente, la norma y criterio último para determinar la naturaleza y relación entre ambos pactos, y entre Dios y los beneficiarios de esos convenios.

Aunque es cierto que existe un misterio detrás de las razones y condiciones exactas que llevaron a la creación y adopción de los títulos «Antiguo Testamento» y «Nuevo Testamento», los cristianos se han referido a ambas partes de la Biblia de este modo por más de mil seiscientos años. Tanto las colecciones de libros como su interpretación religiosa son parte del legado de nuestra rica tradición eclesiástica.

## Historicidad de los documentos

La historicidad de cualquier documento siempre es importante, aunque no siempre se pueda dilucidar con absoluta certeza o para satisfacer la curiosidad de todos los interesados. Para determinar este asunto, mucho depende de la filosofía de la historia que se tenga, los presupuestos que informan las creencias y valores de quien plantea la pregunta y los criterios que adopte para determinar lo que es histórico o no. A fin de cuentas, todo es asunto de interpretación.

El NT es una colección de documentos históricos en el sentido de que ahí se mencionan personas, ideas, eventos, épocas y circunstancias concretas en un idioma particular. Desde el punto de vista de sus autores, editores y preservadores originales, no existen razones para dudar o criticar la autenticidad de los hechos narrados, pues ellos dan por sentado las verdades ahí presentadas. Creemos que los lectores —también cristianos— hicieron lo mismo. Por otro lado, los libros del NT no son tratados apologéticos para tratar de convencer a los escépticos o agnósticos de hoy día, en particular porque son producto de escritores creyentes en Cristo y dirigidos a lectores creyentes a quienes no había que convencer de nada. Es decir, los autores no estaban interesados en demostrar la historicidad de la existencia de Jesús, sino en proclamar y alentar la experiencia de su continua presencia entre ellos.

Sólo para quienes tienen un concepto muy cerrado y racionalista de la historia, el NT puede ser cuestionable por su carácter «pre-científico», propio de un mundo pre-industrial. Quienes normalmente objetan la historicidad de algunas secciones del NT lo hacen suponiendo que lo milagroso o divino no puede incursionar en la historia; pero también por la ambigüedad entre lo que dice el NT y lo que documentos fuera de la Biblia afirman. Por ejemplo, en ningún otro documento aparece la matanza de los niños a manos de Herodes o la mención de la estrella de Belén (Mt 2). Aunque historiadores como Flavio Josefo (38-94 d.C.) y Tácito (55-120 d.C.) hablan de hambrunas en Palestina, no hay referencias específicas acerca de la mencionada por el profeta Agabo durante el tiempo del emperador Claudio (ver Hch 11:27-30).

Si uno cree en lo milagroso o duda de ello, o tiene una postura intermedia, por supuesto que esto determinará de antemano cómo se leerán los documentos. Es decir, asumiendo que los milagros no suceden en la vida real, muchos eruditos dudan de la resurrección de Jesús y la consideran un «invento religioso» para legitimar y darle impulso al movimiento cristiano. Por eso afirman que este evento es verdadero como mito y útil solamente en una sociedad primitiva, pero que es inaceptable en una sociedad post-moderna. También dicen que Jesús nunca afirmó ser el Mesías, instituyó sacramentos, hizo milagros, caminó sobre las aguas, se transfiguró o predijo su muerte. Jesús —según ellos— es un impostor y su retrato en el NT es una «fabricación literaria» producto de la fe. Los eruditos que creen en la posibilidad de lo sobrenatural, y también poseen una noción diferente de lo que es histórico, argumentan lo opuesto y con igual precisión metodológica.

A pesar del escepticismo de algunos, o la confianza extrema de otros en su contenido, es importante destacar que el NT da por sentada la historicidad de los personajes, eventos, circunstancias sociales e ideas que contiene. Y los presenta mirándolos desde la perspectiva religiosa, a fin de enseñar a los cristianos y para fortalecer su fe. Es decir, la función primaria de estos documentos es teológica y no historiográfica, por lo menos no en el sentido estricto en que hoy entendemos esta última. En otras palabras, el NT no es un libro de texto sobre historiografía antigua (o moderna) en el que sus autores exponen su filosofía de la historia antes de presentar la información a sus lectores. Por lo tanto, es necesario respetar y entender las premisas desde las que se estudia la verdad y la historicidad de estos documentos antes de entablar un diálogo crítico al respecto. Así pues, es mejor tratar cada texto en particular y hacer las observaciones pertinentes.

## El texto del NT

No se puede estudiar bien el NT a menos que exista un texto uniforme, continuo, coherente y claro que lo posibilite y en un idioma que se entienda. Pero sucede que este texto no fue escrito en español, por una sola persona, de una sola vez y en un momento específico. El NT que tenemos es un texto construido y reconstruido a partir de muchos manuscritos que fueron sometidos a un riguroso proceso de selección, clasificación y depuración. Haremos algunos breves comentarios sobre este asunto.

1. *Un texto base.* La invención de la imprenta inició una época en la elaboración, la escritura y la distribución de libros como nunca antes en la historia del mundo. Sin embargo, antes de ese tiempo, el texto de cada documento se copiaba a mano, palabra por palabra y, principalmente, sobre materiales como cuero y papiro, pero también en tablas de arcilla, piedras, madera y metales. Dado que no se contaba con la imprenta, fotocopiadoras, procesadores de palabras, Internet y la tecnología contemporánea que simplifica y agiliza la producción, no había una producción masiva de documentos a los que el pueblo tuviera acceso como hoy día.

Durante los primeros mil cuatrocientos años de historia de la iglesia, todos los textos del NT también fueron escritos a mano.

Además, tampoco fueron escritos como un solo manuscrito —de principio a fin— y por un solo autor o copista. Es decir, después de que los manuscritos originales fueron escritos y enviados a sus respectivos destinatarios (los primeros cristianos que los consideraban valiosos para su fe en Cristo, los cultos, la predicación y la enseñanza), estos comenzaron a copiarlos, distribuirlos entre ellos y preservarlos para futuras generaciones. Como es lógico, con el tiempo hubo diferentes versiones de esos documentos originales que se fueron acumulando y diversificando, especialmente después de que la iglesia comenzó a contar con escribas y monjes que se dedicaron a ese trabajo. Gracias a su esfuerzo, hoy día contamos con unos cinco mil manuscritos, ¡ningún otro libro de la antigüedad cuenta con tanto apoyo textual! Lastimosamente, ninguno de ellos es exactamente igual al otro, o coincide en todos los detalles con los demás. Si bien es cierto que los copistas se esforzaron por preservar la integridad de los textos que copiaron, también es cierto que estos escritos difieren en calidad, fecha, extensión, estado físico, y otros detalles.

Al copiar información de un manuscrito a otro, fue inevitable que se cometieran errores o se alterara su contenido. Por más que la iglesia se esforzó, eso no se pudo controlar. La escritura precisa y la responsable distribución de los documentos originales del NT a cargo de personas selectas no pudo garantizar la pureza o protección del contenido de los documentos para el futuro. Una vez que llegaron a manos de otros cristianos, se introdujeron algunas variaciones. La historia de la transmisión del texto griego del NT demuestra que —por diferentes razones— algunos escribanos «quitaron» y/o «añadieron» información a los manuscritos que copiaron. Sabemos de estos cambios (o «lecturas»), no sólo por puro sentido común, sino también debido a que algunas veces podemos ver diferencias radicales en la multitud de copias que tenemos a nuestra disposición. Muchas no son importantes, por ejemplo, palabras mal deletreadas, cambios en el orden de palabras, errores gramaticales, omisiones de términos, frases, oraciones o hasta párrafos completos. Pero otras sí son significativas desde el punto de vista histórico o teológico. En especial porque no sólo hubo alteraciones accidentales, sino también intencionales, por ejemplo, para tratar de armonizar la información con una doctrina particular, insertar glosas explicativas, ligar o mezclar lecturas, refinar el estilo, o tratar de aclarar dificultades geográficas e históricas.

De acuerdo a los mejores manuscritos, por ejemplo, es probable que el Evangelio de Marcos terminara en 16:8, así que los vv. 9-20 pueden ser una añadidura posterior, pues alguien (o algunos) no pudo concebir que un evangelio terminara sin la comisión de predicar las Buenas Nuevas. En Juan nos damos cuenta de que la inserción de 4:1 intenta aclarar que Jesús no bautizaba, aunque se había dicho lo opuesto en 3:22; esta aclaración —por lo menos— sugiere la intervención de un editor. En Juan 5:1-18, el v. 4 aparece sólo en algunos manuscritos tardíos, que intentan explicar que quien primero se lanzara al estanque sería sanado, pues un ángel descendía y agitaba el agua. El episodio acerca de la mujer sorprendida en adulterio (Jn 8:1-9) no aparece en los mejores manuscritos. Algunos estudiosos creen que 1 Co 14:33b-35 es una interpolación o inserción de un escriba, que refleja la misma ideología de 1 Ti 2:11-12 y porque, supuestamente, Pablo no pudo haber tenido una posición tan rígida en contra de las mujeres (otras copias colocan este texto justo después de 1 Co 14:40). Un ejemplo más es el de 1 Jn 5:7-8 donde parece haber dos tradiciones textuales en conflicto que dificultan un poco la selección del texto correcto; la menos probable claramente refleja el concepto de la trinidad al insertar la frase «el Padre, el Verbo y el Espíritu Santo, y estos tres son uno». Sin embargo, esta lectura no parece haber sido parte del texto original de Juan, sino el intento de un copista para acomodarlo a una teología posterior.

¿Qué hacer ante tantos manuscritos, con lecturas semejantes y diferentes entre sí? ¿Cómo decidir cuál es la «mejor» para un texto en particular de modo que pueda haber una traducción al idioma vernáculo de las iglesias? A través de la historia los expertos se han dedicado a diseñar y aplicar una serie de criterios para tratar de reconstruir «un texto básico» del NT que se acerque lo más posible al texto original. Dos de estos criterios constituyen la llamada «evidencia externa» que le da prioridad a la lectura más antigua, a la que tiene manuscritos de otras áreas geográficas que la respaldan y la que pertenece a una «mejor familia» de manuscritos. A la otra se le llama «evidencia interna», que prefiere la lectura más corta, la más difícil y la que encaje mejor dentro de la lógica del contexto literario del pasaje o libro. La *crítica textual* es la que se encarga de explicar este arduo pero emocionante proceso.

Para reconstruir un texto básico se toman en cuenta diversos tipos de documentos, de diferentes fechas, extensión y calidad. Aunque existen copias de todo, o casi todo el NT (el códice Sinaítico es el mejor, más completo y antiguo documento del NT), también existen documentos que sólo contienen fragmentos o algunos versículos (el P52 sólo contiene Jn 18:31-33, 37-38), libros individuales (el P66 contiene el Evangelio de Juan), colecciones de documentos con temas semejantes (el P45 contiene los evangelios y el libro de Hechos), o de la misma línea de autores (el P46 contiene 9 cartas paulinas y Hebreos). En ocasiones también encontramos libros del AT (por ejemplo, el códice A) y de la literatura apócrifa (el códice B). Sin embargo, los documentos más importantes para reconstruir el NT son:

- los *papiros*, que datan del segundo siglo, y fueron escritos sobre un tipo de papel hecho del tallo de una planta que crecía a orillas del Nilo;
- los *unciales* que fueron escritos con letras mayúsculas, en forma de libro y cuyos mejores ejemplares se escribieron entre el cuarto y sexto siglo;
- los *minúsculos* que fueron escritos con letra minúscula y durante la época medieval;
- los *leccionarios* son documentos medievales que se utilizaron en los cultos y contienen citas bíblicas;
- las traducciones más antiguas del NT al latín, el siríaco, el copto y otras lenguas (cuyas más antiguas versiones datan del cuarto y quinto siglos); y
- las citas bíblicas que encontramos en la literatura patrística producida del segundo siglo en adelante.

Los manuscritos más importantes del NT fueron escritos en forma de pergamino y códice, o libro. Estos comenzaron a popularizarse a partir del cuarto siglo una vez que la iglesia tuvo la protección y autorización del Imperio romano.

Con lo dicho arriba, nos hemos dado cuenta de que el texto griego en el que se basa el NT es fidedigno, pero no perfecto. No olvidemos que el NT es una colección literaria de tiempos del imperio grecorromano que cuenta con la mayor cantidad de manuscritos para su reconstrucción (incluso muy por encima de la literatura clásica).

2. *Su traducción al español.* Además de la dificultad de la reconstrucción del texto, también se nos presenta el asunto de una traducción que sea lo más fiel posible al significado de su propio contexto social, pero que los lectores contemporáneos también puedan entender.

Las traducciones con que contamos hoy son de tres tipos. Primero están las traducciones literales en las que se establece una correspondencia casi exacta y formal entre el significado básico de las palabras en el idioma original y el idioma al que son traducidas (la versión *Reina-Valera*). En segundo lugar tenemos las que no buscan tanto comunicar el sentido literal de los textos, sino las ideas. Para ello se utiliza un criterio llamado *equivalentes dinámicos* (la *Biblia Latinoamericana*). También están las traducciones un poco más libres del texto bíblico, entre las que se encuentra la versión *Dios Habla Hoy*. Y por último tenemos a las paráfrasis que reflejan más la interpretación teológica o posición doctrinal de los traductores.

No hay traducción perfecta o una mejor que otra, porque ninguna de ellas reproduce exactamente el significado de los textos originales. Por otro lado, es importante recordar que toda traducción también es una interpretación y, por lo tanto, limitada. De allí que todas las versiones sean importantes porque nos pueden ayudar a tener una mejor comprensión del NT. Así pues, lo más recomendable es que, bajo la guía de expertos en la materia, se utilicen varias versiones de la Biblia para aprovechar sus contribuciones, sin dejar de reconocer sus limitaciones.

Puesto que el español es un idioma vivo y cambia con el tiempo y el uso que la gente le da, también cambia la filosofía y práctica de las ciencias lingüísticas. De allí que debamos ser sensibles a esos cambios culturales y reflejarlos en nuestras traducciones. Por eso, y por más que quisiéramos, no se puede tener una traducción única y para toda la vida. Quienes se aferran al uso exclusivo de la versión Reina-Valera 1960 en realidad quieren ignorar esta dinámica. Además, también debemos recordar que muchos de los descubrimientos arqueológicos recientes nos pueden ayudar a refinar el texto del NT para que nuestras traducciones sean más precisas.

## Una palabra final

Decidir qué texto debía traducirse fue importante para la iglesia, pero también fue la manera en que lo organizarían para que fuera legible. Por eso se dividieron en capítulos y versículos. El sistema de capítulos, que aún se refleja en nuestra Biblia, fue introducido por Esteban Lagton en 1226, y el de versículos por Robert Estienne en 1551. Aunque los manuscritos griegos que hemos utilizado para nuestras traducciones siguen sus propios formatos diseñados por los copistas, los sistemas introducidos por Lagton y Estienne han sido de mucha ayuda (aunque nunca debemos olvidar que estos reflejan la interpretación de sus creadores). También debemos recordar que los títulos, los subtítulos y las notas al calce, o al margen, que encontramos en algunas Biblias de estudio, son interpretaciones de los traductores modernos, que pueden ser de ayuda o entorpecer el entendimiento del NT. Así que debemos tomarlas con mucha cautela.

## Capítulo 3
# El contenido del NT:
# Una historia,
# varias contextualizaciones

## 1. Jesús el Cristo: el eje central

A muchos de nosotros nos encanta leer o escuchar historias de nuestros padres y abuelos. Por supuesto, su naturaleza, extensión y función varían, así como la manera de contarlas y los medios para lograrlo. Algunas buscan informar o entretener, otras persuadir. Algunas historias son claras y están bien elaboradas, otras son más sutiles, simbólicas y difíciles de entender. Dentro y detrás del NT hay una historia que conocer. El asunto es que esta historia tiene varias versiones y detectarla no es una tarea sencilla. Requiere de cierta pericia, rigor y hasta imaginación. En cierto sentido, como sucede con el uso del idioma español en nuestras ricas culturas, el NT habla con muchas voces, que tienen diferentes y variados tonos y acentos. Es decir, cada documento tiene su propia personalidad y es único en lo que dice. Sin embargo, esto no quiere decir que los libros del NT fueran agrupados caprichosamente sin nada que los uniera teológica, histórica o literariamente. El trabajo de selección, compilación y edición deja ver un mensaje que funciona como hilo unificador. ¿Cuál es ese mensaje?

Sin querer ser simplistas, el mensaje del NT es Jesucristo. Aunque no siempre se expresa de forma clara y sistemática, Jesús parece ser «el hilo» que une a cada documento del NT, les da cohesión como unidad literaria, y es «la columna vertebral» que provee estabilidad. Mientras que Dios es el personaje central en la trama del AT, el Cristo lo es en el NT. Según sus seguidores, él es la definitiva revelación divina a Israel y a la humanidad, el mediador entre Dios-Padre y el mundo, el sacrificio perfecto por sus culpas, el maestro que enseña el camino correcto que se expresa en amor y servicio a Dios y al prójimo, el ejemplo perfecto a seguir sin pecado alguno en su esencia y forma de proceder, la fuente de poder por medio de su Espíritu y digno de confianza, adoración, lealtad y servicio absolutos. El NT nos habla sobre la vida y ministerio de Jesús, sobre la experiencia de fe de sus seguidores, sobre el origen y desarrollo de la iglesia y sobre las diferentes maneras en que los primeros cristianos ministraron a las emergentes comunidades cristianas. Durante los primeros cien años estos cristianos se esforzaron para aprovechar las posibilidades de comunicar su fe a pesar de los desafíos que les presentaba el mundo grecorromano.

Los discípulos, los escritores, las comunidades religiosas y los documentos del NT están todos entrañablemente unidos a la persona de Jesús. Por medio de la fe en Cristo, Dios ofrece salvación, nueva vida a la humanidad, y espera que hombres y mujeres respondan con un fiel compromiso a esa gracia divina gratuita que se ofrece en la predicación de las buenas nuevas del Reino. Aunque este tema no se expresa abierta, directa y sistemáticamente en cada libro, los escritores del NT creen en la posición, función y el valor supremos de Jesucristo. Desde una perspectiva cristiana, la relación de amor que Dios inició con los israelitas y selló por medio de su pacto con ellos en el AT, ahora encuentra total cumplimiento en Jesús, su Hijo, que fue enviado al mundo para liberarlo de sus pecados, darle una nueva vida y llevarlo de regreso a Dios. Esta es la presuposición de la que se parte y bajo la que funciona cada documento individual del NT.

## 2. Vida y obra de Jesucristo: perfil de un fundador

¿Quién fue Jesús? ¿Qué podemos decir acerca de uno de los personajes más importantes de la historia de la humanidad?

### a. Una personalidad fascinante

Por miles de años Jesús ha inspirado admiración, piedad y devoción en muchas generaciones alrededor del mundo. Paradójicamente, sin embargo, su imagen también ha despertado pasiones y controversias desde el mismo inicio de su ministerio. Por ejemplo, los evangelios revelan que sus mismos familiares, vecinos y amigos de crianza dudaron —por lo menos al comienzo— de la identidad y acciones mesiánicas de Jesús (Mc 3:21, 31-35; 6:1-6; Jn 7:2-8). Otros lo consideraron uno de los profetas judíos: Juan el bautista, Jeremías, Elías (Mt 16:13-14). Sus adversarios lo vieron como «mago satánico» o «hechicero» (Mc 3:22-27); un «farsante» que decía hablar por Dios (Mt 21:23-27); un amigo de criminales o personas «indeseables» (Mt 11:19; Lc 15:1-2); un «impostor» (Jn 6:42); un «agitador» social que incitaba a no pagar los impuestos romanos (Lc 23:2-3); y hasta un «bastardo» (Jn 8:41).

Jesús también ha captado la atención de eruditos más actuales que lo han considerado como un antiguo profeta judío, un sabio al estilo de los cínicos, un obrador de milagros, un rabino laico, un moralista, un defensor de los pobres y un rebelde que trastornó el orden social de su tiempo. Todo esto revela a la multifacética personalidad de Jesús y las diversas maneras en que su imagen habla a nuestros propios contextos. Su personalidad ha sido tan real e impactante entre los hispanohablantes que hemos dado el nombre de Jesús a muchos de nuestros hijos varones, e incluso en su versión femenina, Jesusa, a nuestras hijas.

### b. Cuatro relatos biográficos

¿A dónde acudir para saber más de Jesús? Hasta donde sabemos, Jesús no escribió nada sobre su vida y obra, y fue un personaje «marginal» antes de convertirse en una «celebridad» gracias al ministerio que más tarde desarrollaron sus discípulos. Es por eso que los escritores judíos o grecorromanos de su tiempo no se tomaron la molestia de hablar sobre él. La única excepción la encontramos en el historiador judío (contemporáneo del apóstol Pablo) Flavio Josefo (37-100 d.C.), quien hace una breve referencia a Cristo y sus discípulos (*Antigüedades judías* xviii, 63-64; xx, 200). De allí que toda la información principal sobre Jesús haya sido registrada por quienes lo conocieron de cerca y fungieron como sus «reporteros»: los evangelios según Mateo, Marcos, Lucas y Juan. El resto del NT habla de Jesús pero desde una perspectiva posterior, a la luz de otras circunstancias y cuando ya no estaba presente.

En los cuatro evangelios se nos habla de la vida, ministerio, muerte y resurrección de Jesús, pero desde distintos puntos de vista y por eso notamos diferencias y semejanzas entre ellos. Debido a ello, diversos estudiosos de la Biblia han cuestionado la historicidad de algunos de los eventos narrados en los evangelios (especialmente cuando se menciona la divinidad de Jesús o cuando hay referencias a fenómenos sobrenaturales). Así pues, para muchos, Jesús fue una «creación literaria» con la que se satisfacían las presuposiciones religiosas de sus escritores y lectores. A pesar de este escepticismo y concepto muy cerrado de la historia, el lenguaje de los evangelios presupone y hace explícita la relación directa que existe entre Jesús como personaje histórico y lo que de él se afirma. Al mismo tiempo, hay que reconocer que la interpretación que hicieron los primeros evangelistas sobre Jesús fue mediada por la fe. Es decir, por su propia experiencia religiosa y la de sus comunidades con él.

Como el mismo Juan lo reconoce, lo que los evangelios relatan acerca de Jesús no es todo, pues enseñó e hizo mucho más de lo que el NT registra (Jn 20:30-31; 21:25). Así pues, lo que encontramos es una selección de eventos y palabras (realizada bajo desafíos muy particulares) que los primeros cristianos consideraron relevantes para fundamentar su fe y usar en sus cultos de adoración, enseñanza y predicación. En otras palabras, lo que sabemos acerca de Jesús nos ha llegado a través de documentos donde se organizaron las memorias que primero fueron preservadas oralmente. Entre las formas literarias más comunes se encuentran los relatos sobre milagros (Mc 8:1-4), pronunciamientos o dichos cortos (Mc 2:15-17), parábolas o ilustraciones (Lc 15), instrucciones (Mt 6:1-18; cf. Lc.

11:1-13), y colecciones de dichos y discursos pronunciados por Jesús (Mt 5, 23; Lc 6).

### c. Jesús de Nazaret: el hombre

Los evangelistas dan poca información biográfica sobre Jesús, especialmente sobre su nacimiento, los primeros doce años de su vida y entre los doce y los treinta (Mt 1-2; Lc 1-2). A pesar de ello, podemos decir lo siguiente sobre él. El árbol genealógico de Jesús lo conecta al rey David, al patriarca Abraham y llega hasta Adán. Jesús nació en la villa de Belén («casa del pan») de Judea, en Palestina, que es el mismo lugar de origen del rey David (y el lugar donde nacería el Mesías según las profecías hebreas). Un censo de la población ordenado por el emperador romano César Augusto (31 a.C.–14 d.C.) obligó a los padres de Jesús a viajar a Judea para ser censados allí, pues eran del linaje de David. Este evento sucedió antes de la muerte de Herodes «el Grande», en el año 749 de Roma o el 4 a.C. aproximadamente (esta última fecha se debe a un error cometido por Dionisio, quien en el siglo sexto, comisionado para crear un calendario cristiano, fechó equivocadamente el nacimiento de Cristo en el año 754 de Roma. Esto explica la diferencia de cuatro años).

Jesús fue de origen humilde. José, su padre terrenal, fue carpintero y un hombre de integridad. María, su madre, se dedicó a los quehaceres del hogar y aparece en el NT como ejemplo de humildad, fe y devoción. Ambos fueron fieles a Dios, a la Ley Mosaica y a las tradiciones judías. Jesús tuvo varios hermanos: Jacobo, José, Judas y Simón; y hermanas, de las que desconocemos sus nombres. Santiago, el Justo, fue el más conocido de ellos, y con el tiempo tendría una posición de liderazgo en la iglesia primitiva.

Cuando se hablaba sobre la vida de personajes importantes de la historia de Israel, Grecia, Roma y otros pueblos, era común asociar la concepción del personaje con un milagro. Este es el caso de Jesús que fue concebido por obra y gracia del Espíritu Santo y, por lo tanto, fue «Hijo de Dios». Es decir, María quedó embarazada sin haberse casado con José y sin haber tenido relaciones sexuales previas. Por eso, en la tradición cristiana se le conoce como «la Virgen María». Así que —teológicamente hablando— Jesús fue «la Palabra eterna de Dios que se hizo ser humano». Ocho días después de su nacimiento Jesús fue circuncidado y, luego de cuarenta días, fue presentado ante el Señor en Jerusalén, conforme lo establecía la Ley Mosaica.

Además de su concepción divina, las condiciones del nacimiento de Jesús también fueron extraordinarias y llenas de desafíos. Cuando José supo que María estaba embarazada antes de casarse, quiso abandonarla en secreto para no avergonzarla y para no provocar más problemas. Un ángel se lo impidió dándole la noticia de que ese niño era obra divina y que habría de salvar al mundo. Desde la perspectiva humana, podríamos decir que Jesús estuvo cerca de ser huérfano de padre e hijo de «madre soltera». Además, Jesús nació en un lugar distante del hogar de sus padres (Galilea) y, a pesar de ser el prometido Rey de Israel, en condiciones incómodas y muy humildes. Obedeciendo la orden del ángel Gabriel, sus padres le pusieron por nombre Jesús, que es la versión griega del hebreo Josué (Dios salva). Este nombre indicaba su misión en la vida y que habría de honrar cumpliéndola. Por temor a que un competidor usurpara su trono, el monarca de Judea en aquel entonces, Herodes el Grande, intentó matar a ese niño. Siendo avisados de este peligro, sus padres huyeron a Egipto con él. Así fue como Jesús y su familia fueron a vivir en un país extranjero como «refugiados». Una vez que Herodes murió, regresaron a Nazaret donde se establecerían definitivamente.

Para los evangelistas Jesús cumplía las Escrituras Hebreas. Así que desde muy temprano Jesús fue reconocido como «el Ungido de Israel». Por ejemplo, una estrella anunció su nacimiento y un grupo de estudiosos de los astros vinieron de lejanas tierras de oriente para rendirle tributo y fueron los primeros gentiles que lo adoraron. Por otro lado, representantes de la comunidad judía como María, Zacarías, Simeón y Ana profetizaron maravillas acerca del niño y de lo que Dios haría por medio de él. Coros angelicales y humildes pastores celebraron su nacimiento. Durante su segundo viaje a Jerusalén (el primero fue cuando lo presentaron en el templo), a la edad de doce años para celebrar la Pascua, se manifestaron sus extraordinarias dotes rabínicas: Jesús conversó con los eruditos judíos de ese tiempo y dio una clara demostración de su gran conocimiento y conciencia mesiánica, algo que le ganó la admiración de esos expertos.

Dado que Jesús se crió en una villa ubicada en la provincia de Galilea (noreste de Palestina) llamada Nazaret, por eso fue llamado nazareno. Los habitantes de esa región fueron discriminados por sus compatriotas por haberse «mezclado» con culturas extranjeras. Ya como adulto, Jesús siguió viviendo en la misma provincia, pero ahora en el puerto de Capernaúm («la villa de Nahúm»), a orillas del lago de Galilea. Según parece, éste fue su lugar de residencia y «centro estratégico de operaciones» durante su ministerio público, y por ello nos damos cuenta que Jesús compartió con personas que vivieron en la periferia de aquella sociedad. Aquí hay una gran lección para quienes luchamos por sobrevivir en medio de una cultura dominante.

Dado que no se sabe nada sobre la vida de Jesús desde los 12 años hasta que llegó a la edad adulta, a esa época se le ha llamado los «años de silencio». Es posible que esta etapa no fuera importante para los evangelistas y por eso no la incluyeron en sus documentos, aunque también es posible que no hayan tenido acceso a ella. Este vacío se ha prestado a especulaciones sobre lo que Jesús hizo durante todos esos años. Sin embargo, podemos asumir que tal vez Jesús haya vivido una vida normal, creciendo, aprendiendo la Ley Mosaica y la cultura judía, sometiéndose a la autoridad de sus padres y siguiendo el oficio artesanal (de la madera y la piedra) de su padre, tal como se acostumbraba entre las familias judías. Además se notaba que en su paso de la niñez a la madurez, Jesús gozaba del favor de Dios y del pueblo.

Durante el tiempo en que Tiberio fue emperador romano (14-37 d.C.), la vida de Jesús experimentaría un giro radical y cobraría un valor sin precedentes. A la edad de 30 años (la edad mínima requerida para ejercer el oficio del sacerdocio en la religión judía), Jesús estaba por iniciar formalmente su ministerio. Sin embargo, para ello primero debía alistarse (Mt 3; Mc 1; Lc 3). El primer paso fue ir al sagrado río Jordán para ser bautizado por Juan (el Bautista). Un acto que creyó conveniente para conformarse a la voluntad divina. Tan pronto como Jesús fue bautizado, el Espíritu de Dios descendió sobre él y una voz celestial confirmó su condición de Hijo. Después, Jesús se marchó al desierto para orar y meditar por cuarenta días, y allí fue tentado por «El Mentiroso» (el diablo) tres veces. Salió airoso de esa primera gran prueba, tal como más tarde lo haría de tantas otras durante su jornada terrenal.

Después de su victoria sobre la tentación y las fuerzas del mal, Jesús estaba listo para servir al pueblo y especialmente a los alienados y quienes eran vejados y discriminados por la sociedad. Así que regresó a Galilea para tender la mano a la comunidad que lo vio crecer. Allí fue donde concentró su esfuerzo, sin dejar de hacer algunas incursiones a las áreas circunvecinas de Tiro, Sidón, Samaria y Decápolis (Mt 3-18; Mc 1-9; Lc 3:12-9:50). Al acercarse al final de su ministerio, Jesús concentraría su labor en la zona de Judea durante su jornada hacia Jerusalén, donde moriría (Mt 19-20; Mc 10; Lc 18:15-19:27). Hasta donde sabemos, el ministerio terrenal de Jesús no duró mucho. Algunos dicen que duró un año (si se sigue la cronología de los evangelios sinópticos, en donde Jesús va a Jerusalén sólo una vez); mientras que otros sugieren tres años o tres años y medio aproximadamente porque, de acuerdo con el Evangelio de Juan, Jesús fue a Jerusalén tres veces para celebrar la Pascua judía.

A pesar del poco tiempo y lo reducido del área geográfica donde se desarrolló, el ministerio de Jesús fue integral. Es decir, tomó en consideración y sirvió a la persona en su totalidad. Los cuatro evangelistas coinciden al presentar a Jesús cumpliendo funciones de profeta (ministerio kerigmático), de rabino o maestro (ministerio didáctico) y de sanador u obrador de milagros itinerante (ministerio terapéutico).

Como profeta, Jesús habló bajo la autoridad y en nombre de Dios, y proclamó un mensaje de fe, esperanza y juicio al estilo de los heraldos del AT. El tema principal de su predicación, enseñanza y milagros fue el reino de Dios, o reino de los cielos (esta última expresión, usada por Mateo, hace referencia a Dios mencionando el lugar donde mora pero sin mencionar su nombre), y su objetivo central fue invitar a colocar la vida humana bajo la autoridad absoluta de Dios. Para Jesús, el reino de Dios no fue un principio abstracto, un lugar particular, o sólo una realidad política. Tampoco fue algo que se consumaría en el futuro. El Reino era más bien un estilo de vida, un modo de ser y una forma de relacionarse con Dios y los demás. Todos podían pertenecer a este Reino por medio de la fe, el arrepentimiento y el compromiso como discípulos (Mt 7:13-14; Mc 10:15; Jn 3:3). Así pues, hablar del Reino era declarar que Dios es el dueño y Señor de la vida humana y de la creación. Este Reino podía experimentarse en el presente, pero sólo en parte, pues su establecimiento definitivo sería al final de la historia. Por lo tanto, el Reino era tanto presente como futuro (Mt 6:10; Mc 14:62; Lc 17:20-21).

Jesús también fue un gran rabino, un sabio y maestro laico que se salía de lo ordinario. Como tal dedicó tiempo y energía a explicar y aplicar el mensaje del reino de Dios a situaciones muy específicas. Con su predicación enfatizó amar, perdonar, tener fe y servir a los demás, especialmente a los más necesitados (Mt 8:15-35; Mc 2:13-17; 12:28-34). También habló sobre la oración, la limosna, el ayuno, la justicia, la ansiedad, el adulterio, los impuestos, la ley mosaica, el matrimonio, el día de reposo, los juramentos, las riquezas, la humildad, el honor, los ritos religiosos, la pureza, el discipulado, los mandamientos, el juicio, el fin del mundo, el homicidio, la justicia, y sobre su muerte y resurrección, la misión de sus discípulos, y otros asuntos semejantes. «El sermón del monte» parece resumir sus enseñanzas (Mt 5:1-7:29); allí encontramos «las bienaventuranzas» (Mt 5:3-12) y «el Padrenuestro» (Mt 6:9-15). Como el gran comunicador que fue, Jesús se valió de tres recursos principales para enseñar a sus seguidores sobre los principios y misterios del Reino: las parábolas o ilustraciones (Mt 13), dichos cortos/proverbios y discursos (Mt 5:1-7:29). Aunque no se sabe que haya escrito algo, con hechos y palabras Jesús fue ejemplo de los valores del Reino. Y por eso se espera que todo discípulo se esfuerce para ser como él (Mt 10:24-25), aun cuando implique perder la propia vida.

Jesús también fue hacedor de milagros o sanador. Proclamó (y vivió) un evangelio completo para el ser humano completo y, como algunos otros en su época, Jesús se dedicó a aliviar el dolor y sanar las enfermedades del pueblo. Incluso podríamos decir que —de cierta manera— su labor fue como parte del sistema de salud pública de aquella época. Sin embargo, antes de ver los milagros de Jesús como entretenimiento para las multitudes o para proveer salud sin costo alguno, debemos entenderlos como parte esencial de su obra mesiánica. En otras palabras, la predicación y enseñanza de Jesús sin la sanidad de los cuerpos hubieran sido labores incompletas y alienantes. Muchos paralíticos, leprosos, sordos, mudos y endemoniados acudieron a él para ser sanados y, además de ser evidencia espectacular de la presencia del reino de Dios, los milagros afirman la legitimidad de su papel mesiánico y son muestra de su profunda compasión.

Esos milagros de sanidad no solamente restauraron la salud física a las personas, sino también la dignidad humana de los enfermos, pues les permitieron reincorporarse a la comunidad después de mucho tiempo de exclusión. Es así como nos damos cuenta de que en el reino de Dios, ni Satanás, ni el dolor, ni la muerte tienen la última palabra. Así pues, en el ministerio de Jesús, los milagros fueron ocasiones para depositar la fe en Dios y destacar su poder y profunda preocupación por la fragilidad humana.

Por supuesto, un claro sentido de misión nutrió y motivó el ministerio de Jesús, aunque éste se expresa de diferentes formas en los evangelios. Basados en lo que él y sus seguidores afirman, Jesús vino para liberar a Israel —y al resto del mundo— de sus pecados (Mt 1:21; Lc 2:11), para llamar a todos al arrepentimiento y regresar a Dios (Mt 9:13; Mc 2:17; Lc 5:32), y para ofrecer vida abundante y eterna a quienes depositan su fe en él (Jn 3:16-21; 6:40; 10:10). Jesús también vino para servir y entregar su propia vida como pago por el rescate de los pecadores (Mt 21:28; Mc 10:45; Lc 19:10), a cumplir cabalmente el significado y propósito de la Ley Mosaica (Mt 5:17), a predicar las buenas nuevas a los marginados, identificarse con ellos, sanarlos (Lc 4:18-21; 7:21-23) y a reclamar lealtad absoluta de sus seguidores, aunque cuando esto creara disensión (Mt 10:34-39). En pocas palabras, el ministerio de Jesús no sólo fue impresionante, sino pertinente y revolucionario. Sanó y enseñó a las multitudes, predicó sobre el arribo del reino de los cielos, hizo portentos, invitó a los pueblos a regresar al Creador en arrepentimiento, mostró cómo relacionarse con Dios y los unos con los otros, se solidarizó con los marginados y, a su manera, desafió al orden político-religioso establecido de su época. Algunas veces se conformó a las leyes y las tradiciones; pero en otras ocasiones las criticó, se opuso a ellas y hasta las violó, siempre colocando al ser humano primero. Pero en cualquiera de los casos, su amor y lealtad a Dios, al bienestar de los demás por encima de todas las cosas y la fidelidad a su misión, fueron las principales motivaciones de su vida. El ministerio y mensaje de Jesús realmente encarnan el perdón y el amor incondicional. Verdadera liberación y transformación sólo pueden encontrarse en sus enseñanzas, persona y ejemplo, y los cristianos no hemos podido agotar las implicaciones de esa misión.

Para desilusión de muchos en la cúpula religiosa de aquel entonces, en poco tiempo Jesús se convirtió en una figura muy popular entre las masas. Rápidamente, alrededor de la persona y enseñanzas de este rabino sin credenciales oficiales, profeta revolucionario y sanador fuera de serie, se creó una comunidad de seguidores. Unos creyeron que él era el rey prometido a Israel para salvar a las naciones de la opresión extranjera y establecer el reino divino en la tierra teniendo a Jerusalén como su centro. Otros le seguían por curiosidad. Unos más para recibir algún «beneficio» de él. Y unos pocos con el deliberado propósito de unirse a su grupo como discípulos. Este grupo, aunque diverso, estuvo compuesto solamente por hombres. Los primeros fueron dos pares de hermanos: Simón (Pedro) y su hermano Andrés, y los hijos de Zebedeo, Santiago y su hermano Juan. Luego vinieron Felipe, Bartolomé, Tomás, Leví (Mateo) el cobrador de impuestos, Santiago el hijo de Alfeo, Judas Tadeo el hijo de Santiago, Simón el Cananita (o Zelote) y Judas Iscariote. Así fue como la lista creció a doce discípulos, a quienes posteriormente se les conoció como los doce apóstoles, en representación de las 12 tribus de Israel, y para quienes Pedro, Juan y Santiago fueron los líderes principales.

El número de discípulos aumentó a setenta, y luego de su ascensión sabemos de ciento veinte personas. Años más tarde, el apóstol Pablo habla de quinientas personas que fueron testigos de su resurrección. Entre los seguidores de Jesús hubo muchas mujeres prominentes. Aunque no fueron líderes del movimiento porque la sociedad las discriminaba, María Magdalena, Susana, María la madre de Santiago, Marta y otras apoyaron su ministerio de diferentes maneras. Estos hombres y mujeres decidieron ser parte de una relación maestro-alumno —como se acostumbraba entre grupos religiosos y filosóficos de la época— cuya meta suprema era aprender del maestro e imitar su ejemplo: ser como él. Jesús fue el paradigma y ellos los imitadores. Caminaron con Jesús, comieron juntos, aprendieron de él, anunciaron las buenas nuevas, sanaron a los enfermos y echaron fueran demonios. Estas acciones fueron como una especie de «aprendizaje supervisado» que los estaba preparando para cuando el maestro ya no estuviera con ellos. Todo esto nos dice mucho sobre la importancia de tener mentores con integridad moral.

Sin embargo, tal como sucede cuando crece en popularidad «un recién llegado» o un «don nadie» e introduce innovaciones, quienes detentaban el poder en aquel entonces tuvieron reacciones contrarias a la labor del «carpintero» de Galilea. Una lucha de poder se originó y desarrolló de la noche a la mañana. Muchos no creyeron en él, por lo menos al comienzo de su ministerio, y su propia familia y amigos tenían serias dudas acerca de las afirmaciones y hechos de Jesús. Dado que relegaba su autoridad a un segundo plano y minimizaba su popularidad entre el pueblo, las autoridades religiosas y políticas criticaron y se opusieron a las enseñanzas de Jesús, desdeñaron su autoridad y envidiaron su poder de convocatoria. Esta actitud antagónica contra Jesús eventualmente llevó a esos líderes a planear su eliminación. En la medida en que se desarrollaba el ministerio de Jesús, el conflicto con las autoridades judías se intensificaba. Así que los días de Jesús estaban contados porque sencillamente esperaban el momento adecuado para deshacerse de él.

El momento crucial en el ministerio de Cristo se dio en la ciudad de Cesarea de Filipos cuando Pedro —en representación de los discípulos— lo confesó abiertamente como Mesías e Hijo de Dios. Desde ahí Jesús comenzó a hablarles de su inminente muerte en la cruz y de la necesidad de que también sus discípulos estuvieran dispuestos a morir por su causa (Mt 16:13-28; Mc 8:27-38; Lc 9:18-27). Acompañado por Pedro, Juan y Santiago, Jesús se transfigura y desde el cielo nuevamente el Padre reitera esa relación con su Hijo.

La entrada triunfal a la ciudad de Jerusalén marcó el principio del fin para Jesús (Mt 21-25; Mc 11-13, Lc 19-21). El domingo antes de la Pascua la multitud lo recibió y aclamó como rey (aunque, irónicamente, una semana después estaba gritando enardecida «¡crucifíquenlo!»). Después de su entrada triunfal, y con una autoridad sin precedentes, Jesús purificó el Templo al echar fuera a los mercaderes, consideró que la religión de Israel se había desviado y profetizó eventos futuros. Estos acontecimientos fueron decisivos para que la elite religiosa de Israel, con todas las precauciones que el caso requería, decidiera eliminar a Jesús. Como siempre ha sucedido en la historia de muchos pueblos y personajes, nadie traiciona gratis. La conciencia tiene un precio y se vende. Así que, a cambio de 30 monedas de plata como pago por sus servicios, Judas

Iscariote, uno de los doce discípulos de Jesús, se ofreció como voluntario para ese plan. Así que buscaba el momento oportuno para entregarlo a las autoridades.

La última y más importante etapa de la vida de Jesús la encontramos en lo que se ha denominado «la narrativa de la pasión» (Mt 26-27; Mc 14-15; Lc 22-23). En esta sección —en la que todos los evangelistas concentran su esfuerzo— se habla del arresto, juicio, sufrimiento y vergonzosa muerte de Jesús en la cruz (una condena reservada para «lo peor» de la sociedad de aquel entonces). La unción de Jesús en Betania presagia esta última etapa de su vida.

En la noche en que fue traicionado, durante la comida Pascual, Jesús instituyó lo que ahora conocemos como la Cena del Señor, con la cual se inauguró un Nuevo Pacto por medio de su muerte y se anticipó su victoriosa reunión con los fieles en la consumación del reino futuro. Después de esa última comida, Jesús se fue al huerto de Getsemaní, en donde vivió uno de sus momentos más difíciles. Allí, en medio de una profunda agonía, aunque manifestó su deseo de no querer morir, su sentido de responsabilidad fue más fuerte. Unos momentos después, Judas identificó a Jesús con un beso para que la guardia del templo lo arrestara y lo llevara ante las autoridades judías. Aunque consideraron su arresto como un acto injusto, sus discípulos no hicieron nada para evitarlo (sólo Pedro usó la fuerza, cortando la oreja de uno de los siervos del Sumo sacerdote, pero Jesús tuvo misericordia de él y lo sanó. El mismo Pedro, un poco después, negaría a su Maestro tres veces).

Aunque Jesús fue llevado ante varias instancias legales, el proceso judicial estaba viciado en esencia, forma y procedimiento. Sus enemigos ya habían decidido que Jesús era culpable de muerte, y buscaron la manera de hacer que «las evidencias» y «los testigos» coincidieran con ese veredicto. Puesto que no hay documentos oficiales sobre el procedimiento al que fue sometido, en los evangelios han quedado muchas «lagunas» y preguntas sin contestar sobre ese juicio. Por ejemplo, la función del Sanedrín (la corte suprema de los judíos) no estaba totalmente clara en relación con la aplicación de la pena de muerte, y no existe evidencia de que Jesús haya sido hallado culpable unánimemente o que se haya formulado una sentencia oficial de parte de este organismo. Es posible que José de Arimatea (quien cedió la tumba para que Jesús fuera sepultado) haya sido una de las voces disidentes en ese organismo judicial.

A pesar de ello, Jesús comparece primeramente ante Anás (suegro de Caifás), para un juicio preliminar. Luego, ante el sumo sacerdote Caifás, líder del Sanedrín, donde se condenó a Jesús por «blasfemia», es decir, por atribuirse cualidades divinas, que era una afrenta contra el mismo Dios. Después se le llevó a Pilato que, al saber que era galileo, lo mandó a Herodes Antipas. Herodes lo regresó a Pilato, quien, para apaciguar a los enojados líderes judíos y a la multitud, y también para proteger su posición política, liberó a Barrabás y condenó a Jesús a ser crucificado. Los evangelistas nos recuerdan que esta sentencia se cumplió a pesar de que Jesús era inocente de todos los cargos que se le hicieron.

En vísperas del día de reposo, Jesús fue obligado a caminar rumbo al Gólgota («lugar de la calavera») llevando a cuestas la cruz —la herramienta de su propia muerte— para ser ejecutado. Sin embargo, Simón de Cirene —judío helenista de África— fue obligado a ayudarle a cargarla. Así que luego de un largo y extenuante proceso, finalmente Jesús fue crucificado y permaneció en esa dolorosa condición por seis horas. Después de haber sufrido abuso físico y psicológico, estando entre dos malhechores, Jesús entregó su espíritu y murió a las tres de la tarde, en vísperas del día de reposo. Después de que el velo del Templo se rasgó, un centurión romano —irónicamente— fue el primero en admitir que «¡Verdaderamente este era Hijo de Dios!» El cuerpo de Jesús fue bajado de la cruz y sepultado en la tumba ofrecida por José de Arimatea. De esta forma Jesús fue una víctima más de los promotores de la violencia institucionalizada.

Desde el punto de vista humano, la muerte de Jesús representa la brutal ejecución de un hombre inocente a manos de quienes detentan y abusan del poder. Dado que sólo los esclavos, revolucionarios, agitadores políticos y criminales eran merecedores de morir crucificados (el equivalente a «la silla eléctrica» o «inyección letal» hoy día), la muerte de Jesús fue «maldición» (Dt 21:22-23; Gl 3:13) y motivo de vergüenza y tropiezo para los judíos (1 Co 1:18-25). El verdadero Rey de Israel —según los hebreos— no podría morir de esta manera. Por otro lado, la crucifixión y muerte de Jesús tienen una connotación teológica más rica y profunda: cumplen el plan divino para redimir al pueblo de sus pecados, hacerlos volver a Dios (Mc 10:45; Ro 3:25-26; 4:25; 2 Co 5:21) y sufrir a favor de todos (Is 53:6-12). Ésta también es la manifestación más clara del amor de

Dios por toda la humanidad (Jn 3:16; Gl 2:20; Ro 5:8) y se convirtió en símbolo de la conversión a Cristo (Ro 6:1-14) y del abandono de la pasada manera de vivir. Además, fue por amor que Jesús entregó su vida por quienes no lo merecían.

A pesar de la injusta y brutal pena capital aplicada a Jesús como si fuera el peor de los criminales, éste no fue el fin de la historia. El primer día de la semana en el calendario judío —el domingo para nosotros— Jesús se levantó de entre los muertos, la tumba donde lo habían sepultado apareció vacía y se presentó vivo comenzando con María Magdalena, María la madre de Santiago, Salomé y otras mujeres; luego seguirían Pedro y los otros discípulos (Mt 28; Mc 16; Lc 24; Jn 20). Después de su resurrección y hasta el momento en que ascendió a los cielos desde donde prometió regresar, Jesús se manifestó a sus discípulos durante cuarenta días dando pruebas concretas (Jn 20:27) de que estaba vivo y hablándoles del reino de Dios. Además, antes de su regreso al Padre, prometió enviar al Espíritu Santo para fortalecer y capacitar a sus seguidores para cumplir con la misión de predicar su mensaje y hacer discípulos en todos los grupos étnicos del mundo.

La muerte y la resurrección de Jesús representan el corazón de la fe cristiana. La una no puede existir sin la otra. Sin embargo, es la resurrección el evento que, al final, da significado y finalidad al sacrificio de Cristo. Sin ella, la muerte de Jesús solamente sería un ejemplo más de abuso del poder, de la brutal eliminación de un «bondadoso judío» a manos de las autoridades religiosas y políticas de aquella época. Pero, para los autores y destinatarios del NT, la resurrección de Jesús es fuente de poder, esperanza y transformación. Luego de este evento la vida de los discípulos no fue la misma. Como lo dice Pablo, si Cristo no hubiera resucitado, entonces la fe sería vana (1 Co 15:14). Además de afirmar la esperanza judía en una vida mejor y confirmar a la persona y obra de Cristo y su relación especial con Dios, la resurrección de Jesús también sienta las bases de la esperanza de la resurrección futura de todos los creyentes después de la muerte (1 Co 15:1-58). Al mismo tiempo, también es un incentivo para vivir una vida consagrada a Dios (Ro 6:1-14) cuyo resultado es una vida ética.

### d. «El Cristo de la fe»: el ser divino

Jesús fue muchísimo más que un vocero divino, pedagogo laico o sanador del pueblo. Él se vio a sí mismo como «enviado y representante de Dios» y los autores del NT coincidieron con ello. Esta auto-comprensión divina se da a conocer indirectamente por medio de las palabras y acciones de Jesús, y directamente por el uso de títulos reales. Así pues, del estudio de Jesús como hombre, procedemos a estudiar a Jesús como ser divino; de allí el término cristología (el estudio y explicación de Jesús como ser divino).

La cristología implícita está presente especialmente en el concepto que Jesús tuvo de sí mismo. Asignándose prerrogativas divinas, Jesús dio a entender que él tenía poder para perdonar pecados (Mc 2:5-7; Lc 7:48-49), introducir a los marginados de la sociedad al reino de Dios (Lc 15:1-32) y purificar el Templo (Mc 11:27-33). Además, colocó esa autoridad por encima de algunos de los símbolos más sagrados entre los judíos: las Escrituras Hebreas (Mt 5:31-32, 38-39), patriarcas como Abraham (Jn 8:53) y Jacob (Jn 4:12), y el día de reposo (Mc 2:28). También dejó bien claro que el destino de la gente dependía directamente de la manera en que respondieran a su persona y mensaje (Mt 10:32-33; 11:6; Mc 8:34-38).

En particular, Jesús reveló claramente su alta condición y posición como emisario divino por medio del uso de cuatro títulos reales. Para los escritores y lectores originales del NT, Jesús es el *Mesías* (en hebreo) o el *Cristo* (en griego) (Mc 8:27-30; 14:61-62; Lc 24:26, 46). Ambos términos —que significan *el Ungido*— designaban a la persona escogida y consagrada por Dios para salvar al pueblo de Israel. En la literatura judía los reyes, sacerdotes y profetas eran ungidos porque habían sido apartados para llevar a cabo una obra particular. En Jesús estos tres oficios convergieron y se manifestaron en forma plena.

Jesús también fue designado como *Hijo del Hombre*. Aunque en el arameo esta frase pudo significar meramente «hombre» y enfatizara la humanidad y humildad de Jesús, también se refería al agente del juicio divino. Se basaba en una visión que tuvo el profeta Daniel (Dn 7:14-15) y fue el título que Jesús prefirió darse a sí mismo, quizá para que su mesianismo no fuese confundido con el de un liberador netamente político (Mt 10:23; 19:28; 25:31; Mc 8:38; 13:26; 14:62).

*Hijo de Dios* es otro de los títulos por los que se conoce a Jesús, con el que acentúa su relación filial con Dios como su Padre (Mt 1:11; 9:7; 11:25-27; Mc 12:1-9; Heb 1:5). El último título es *Señor*, con el que se enfatiza la posición y poder absolutos de Jesús sobre el universo (1 Co 8:5; 16:22; Flp 2:6-11). En aquel entonces, al emperador romano se le conocía como «hijo de Dios» y «Señor». Así que aplicar estos títulos a Jesús también era una declaración política que desafiaba a la máxima autoridad de aquel entonces. Creer y afirmar las ideas detrás de todos estos títulos era desafiar los conceptos populares y los sistemas que las amparaban. Muchos se atrevieron a ello y fueron torturados o pagaron con sus vidas.

Si bien al comienzo la divinidad de Jesús fue presentada de forma indirecta (Mc 2:1-12), en otras secciones claves del NT encontramos referencias a una cristología más sofisticada, que por lo general aparecen en fragmentos de himnos litúrgicos dentro del contexto del culto cristiano y los credos tempranos. Por ejemplo, cuando se aplica el título de *Señor* a Cristo, éste se asocia con Jehová, el nombre personal de Dios en el AT (Ro 10:9-13; 1 Co 5:5; 16:22; 2 Ts 1:7-10, 12; Flp 2:11; Ap 22:20). Jesús también es pre-existente o eterno (Jn 1:1; 2 Co 8:9; Flp 2:6; Col 1:15-16), Creador (Col 1:16), imagen de Dios (Col 1:15; 2 Co 4:4), forma de Dios (Flp 2:6) y hasta el mismo Dios (Jn 1:1; 20:28; Ro 9:5; 2 Ts 1:12; Tit 2:13; Heb 1:5-8; 1 Jn 5:20). Es evidente que hubo diversidad en la manera en que los primeros autores cristianos interpretaron e hicieron relevante a Jesús. En este tiempo, y como hispanos, debemos buscar la forma en que Jesús sea pertinente para nuestra realidad.

## e. El nombre Jesucristo

Para cerrar este apartado, vale la pena explicar brevemente el origen y significado del nombre *Jesucristo*, una combinación del nombre propio *Jesús* (Dios salva) y el título *Cristo* (ungido). Al principio los cristianos utilizaron estos dos términos para referirse al personaje central de su fe pero de forma separada y al mismo tiempo hacer una confesión de fe (tal y como se usa en Hch 5:42). Con el correr del tiempo y el continuo uso de esta expresión, los primeros cristianos hicieron de su confesión de fe (en Jesús, el Cristo) un nombre confesional. Así pues, por asuntos prácticos y de conveniencia, el nombre *Jesús* (del hombre) y el título *Cristo* (del ser divino) se unieron y resultó el vocablo *Jesucristo*. A partir de entonces, se le ha conocido de esta manera en nuestras iglesias (Mt 1:1; Ro 1:7; Heb 13:8; Stg 1:1; 1 P 1:1).

## 3. Pablo: enviado a todos los pueblos

El desarrollo de cualquier movimiento social significativo debe mucho a la labor, el compromiso y la pasión de grandes visionarios. En la historia del cristianismo, Jesús de Nazaret, el Cristo, es la figura más importante. Pero luego de él no hay personaje de más renombre que Saulo de Tarso (que luego sería conocido como Pablo, el apóstol enviado a los gentiles). Para muchos, quizá él es el primer y más grande teólogo, y el líder más prominente de la historia de la iglesia.

### a. La importancia de Pablo para nuestra historia

No se puede negar que Pablo es uno de los personajes religiosos más prominentes del mundo occidental. Primero, más de la mitad de los libros del NT (13 cartas) fueron escritos o han sido atribuidos a Pablo; además, Hechos ocupa la mayor parte del libro para hablar sobre él. Segundo, se cree que sus cartas son los documentos más antiguos del NT y una muestra representativa de la vida social de muchas de las iglesias del primer siglo. Tercero, Pablo es un excelente escritor del género epistolar; al estudiar sus cartas aprendemos mucho sobre la manera en que los antiguos comunicaron sus ideas por escrito. Cuarto, Pablo jugó un papel protagónico para llevar la fe cristiana del contexto judío al contexto gentil; gracias a él hemos podido apreciar el poder trans-cultural del evangelio. Quinto, su legado para el cristianismo es considerable porque fue visto como ejemplo de fe y perseverancia, y escritor; su influencia en la teología y escritura de cartas durante el segundo siglo de nuestra era es clara. Sexto, el pensamiento y los valores paulinos sirvieron de fundamento para el desarrollo de la iglesia institucional (y su influencia es especialmente notoria durante la época de la Reforma Protestante). Séptimo, sobre todo en los últimos tres siglos, la versátil personalidad de Pablo ha captado la atención de la erudición secular y religiosa. Por último, a pesar de sus limitaciones, muchas generaciones cristianas han visto en Pablo un ejemplo concreto de fe y compromiso digno de reflexión e imitación. Aunque existen aspectos de su conducta y pensamiento que pueden ser criticables, el Apóstol ministró a los pobres y se identificó con ellos; introdujo algunos cambios para crear cierta armonía en las relaciones estado-súbditos; y aunque no cambió la estructura patriarcal de la época, sí introdujo mejoras para el tratamiento de las mujeres y los esclavos.

### b. Reconstrucción de la imagen de Pablo: fuentes, posibilidades y limitaciones.

A pesar de la centralidad de Pablo en la historia de la iglesia, fue un personaje relativamente marginal —al igual que Jesús— para la sociedad de aquel entonces. A pesar de que no encontramos referencias extra-bíblicas tempranas sobre la persona y obra de Pablo, sí encontramos varias fuentes históricas para reconstruir una imagen bastante acertada sobre él. Las trece cartas que le son atribuidas son nuestras más fieles y más completas fuentes. A partir de ellas podemos juntar algunos datos para comprender mejor a Pablo (de la misma forma en que usamos a los evangelios para saber sobre Jesús). De todos los autores del NT, Pablo es quien mejor ha plasmado su personalidad en sus cartas. El libro de los Hechos es la segunda fuente más importante. Su autor dedica dieciséis capítulos a hablar sobre Pablo, aunque el retrato que presenta refleja mucho de la teología de Lucas y en ocasiones esto dificulta su armonización con las cartas paulinas. Algunos de los padres apostólicos (discípulos directos de los apóstoles) hacen referencia a Pablo y sus epístolas. Los más importantes son Clemente de Alejandría (150-215 d.C.), Ignacio de Antioquía (35-107 d.C.) e Ireneo de Lyon (130-200 d.C.), y la información que proveen también es muy útil. La última fuente son los apócrifos del NT, aunque su valor es mínimo debido a sus tendencias gnósticas y legendarias.

Todas estas fuentes son limitadas. Las cartas paulinas no son documentos autobiográficos, por lo que hay huecos, silencios y preguntas que quedan sin contestar. Que algunas de las epístolas que se le asignan no hayan sido escritas por él —como argumentan muchos críticos— hacen el asunto cuesta arriba. Como ya lo dijimos, la información que proveen Hechos y las cartas es difícil de armonizar, aunque sí podemos descubrir bastantes aspectos sobre la personalidad y el ministerio del apóstol Pablo (Hch 9:1-35; 22:6-21; 26:4-23; Gl 1:11-2:21; 1 Co 15:8-10; y Flp 3:4-8). A través de las referencias bíblicas y su contexto social, ¿qué podemos saber sobre esta gran figura del cristianismo?

### c. Perfil de Pablo

En cuanto a su vida temprana, sabemos que su nombre judío fue Saulo (*hebreo* = el implorado) y después de su conversión fue Pablo (*latín* = contracción de una palabra que significa «pequeñito»). Al parecer nació en la ciudad helenista de Tarso, provincia de Cilicia, al noroeste de Palestina, entre el 5-10 d.C; perteneció a la tribu de Benjamín y fue circuncidado a los ocho días de nacido. Tal vez sus padres pertenecieron a la Diáspora, es decir, judíos fieles que vivían fuera de Palestina. Desde el punto de vista socio-político, Pablo fue ciudadano romano. En cuanto a lo religioso, fue miembro del partido de los fariseos y fiel observador de la Ley Mosaica y las tradiciones judías. Moralmente fue intachable y pasó buena parte de su vida en Damasco. Pablo se enorgulleció de su origen étnico y raza, y fue celoso defensor de las costumbres, prácticas y creencias judías. Se cree que fue tejedor de tiendas o un artesano que trabajaba el cuero. Parece ser que creció en Jerusalén por un tiempo y estudió bajo la tutela del gran rabino Gamaliel I, por lo que tuvo una educación superior: conoció las Escrituras Hebreas, los métodos de interpretación rabínica, la filosofía griega y la retórica grecorromana. Aunque su primera lengua fue el griego *koiné*, es muy probable que conociera otros idiomas (latín, arameo, hebreo, etc.). Más tarde, esta preparación sería crucial para su misión con distintos grupos étnicos, y sería la clave de su éxito (así pues para servir a otras razas y culturas en la actualidad necesitamos prepararnos consciente y sistemáticamente).

### d. Conversión a la fe cristiana y llamado al ministerio

En algún momento de su vida Pablo persiguió y encarceló a los seguidores de «el camino» o «nazarenos» (como al principio se llamó a los cristianos) por considerarlos herejes, es decir, personas que distorsionaban las enseñanzas del verdadero judaísmo. Sin embargo, un día (más o menos entre 33-35 d.C.), cuando se dirigía a la villa de Damasco, Pablo tuvo un «encontronazo» de fe con el Cristo resucitado, que alteraría y transformaría el curso de su vida radicalmente. Gracias a la labor de Ananías recibió la unción del Espíritu Santo y fue bautizado en la fe cristiana. Así fue como se integró a la fe que antes persiguió. Es cierto que Pablo no tuvo la dicha de conocer al Jesús histórico. Pero sus creencias, teología, ética y acciones fueron totalmente influidas por su experiencia de fe con el Cristo resucitado y glorificado.

En su encuentro con Cristo, Pablo también recibió el llamado a servir a las comunidades no-judías del mundo antes conocido, y por eso se le conoció como «el apóstol a los gentiles». Inmediatamente que se hizo cristiano, Pablo fue a Arabia y luego regresó a Damasco. Posteriormente fue a Siria y Cilicia para cumplir con su llamamiento. Catorce años después de su conversión regresó a Jerusalén para conversar con los apóstoles de la iglesia de esa localidad, donde también obtuvo la aprobación de éstos para continuar con su misión trans-cultural. Ministró en la iglesia de Antioquía de Siria por un tiempo y fue parte de la delegación que fue a Jerusalén para apaciguar la disputa entre judíos y gentiles en torno a algunas prácticas que eran ofensivas para los judíos. Viajó extensamente por Asia y Grecia predicando el evangelio de Jesucristo, sanando, estableciendo y discipulando nuevas comunidades de fe a sus miembros. Aunque supo defenderse de todos los desafíos con integridad y elocuencia, durante todo su ministerio sufrió persecución y dificultades por causa de su fe, convicciones y compromiso con Cristo. Una buena parte de su esfuerzo cristiano lo dedicó a ayudar a los pobres en Jerusalén. Pablo quiso viajar a España para llevar la fe, pero no sabemos si lo pudo hacer aunque lo entendió como parte de su misión.

### e. Liderazgo y ministerio pastoral

Durante su ministerio como enviado de Cristo a las comunidades étnicas del imperio grecorromano, Pablo se desempeñó como predicador, maestro, mentor, teólogo y moralista. Además, obró milagros, tuvo experiencias místicas y practicó un cierto ascetismo. Como servidor del Señor, echó mano de diferentes «estrategias ministeriales»: oró constantemente por los creyentes y sus comunidades, les escribió cartas y envió delegados para que edificaran su fe. También fundó muchas comunidades de fe, trató de mantener buenas relaciones con ellas y ministró a sus necesidades espirituales eficazmente. Esto no fue nada fácil, pues su autoridad como apóstol, convicciones, interpretación del evangelio, estilo de vida y ética laboral fueron constantemente cuestionadas por sus adversarios. A pesar de ello, no se amilanó y fue fiel a su vocación hasta el final. El liderazgo como servicio fue la consigna de este enviado de Cristo.

## f. Muerte

Pablo estuvo comprometido con el Señor y la proclamación del evangelio a muchos pueblos, y esto se constata incluso por la manera en que dejó este mundo. Aunque en repetidas ocasiones se mencionan los sufrimientos y encarcelamiento de Pablo, y sospecha de que su final se cercaba, el NT guarda silencio con respecto a las circunstancias, el modo y las razones de su muerte. De acuerdo a la literatura post-neotestamentaria, su muerte no fue por enfermedad o vejez, sino por el martirio a manos del imperio romano (aquel que en ocasiones dijo que debía obedecerse por ser instituido por Dios. Ver Ro 13:1-6). Se dice que el Apóstol murió en Roma, posiblemente decapitado, por orden del emperador Nerón en el 65-67 d.C. La manera en que Pablo murió no nos toma por sorpresa, al pensar en quién fue y lo que hizo. Por el contrario, su sacrificio honra su memoria porque fue un hombre que se mantuvo firme en sus convicciones.

## g. El más grande desafío: los conflictos entre judíos y gentiles

Como el NT da a entender en el libro de los Hechos, la fe cristiana primero llegó a los judíos, pero con el tiempo alcanzó a las comunidades gentiles. A medida que esto sucedió, aumentó el número de convertidos a la fe cristiana y nuevas iglesias se establecieron. Esto comenzó a cambiar la identidad racial y cultural del cristianismo primitivo, y con ello surgieron nuevas tensiones y conflictos. El rostro de las iglesias ya no fue el mismo. Muchos judíos, que por siglos se habían sentido orgullosos de ser los escogidos y beneficiarios del pacto con Dios, comenzaron a resentir la inclusión de otros grupos étnicos discriminando a «los recién llegados» al tratar de imponer requisitos de entrada y permanencia en la iglesia. Por ejemplo, exigieron obediencia a aspectos ceremoniales de la Ley Mosaica, especialmente el de la circuncisión; por lo que se les llamó «judaizantes». Contrario a esta tendencia, otros cristianos de trasfondo judío dieron primacía a la fe en Jesús y un lugar secundario a las reglas y tradiciones judaicas. Así fue como rápidamente surgió una larga y fuerte confrontación entre estos dos puntos de vista. El desafío mayor para Pablo, y otros líderes cristianos, fue convencer a los judaizantes de que, por medio de la fe en Cristo, los cristianos gentiles también formaban parte del pueblo de Dios, con iguales derechos y deberes, aunque no por ello Dios había abandonado a Israel u olvidado sus promesas. La pregunta para muchos fue: ¿cómo es posible que Dios acepte a los gentiles y, todavía más, compartan con Israel los beneficios del pacto en igualdad de condiciones?

## h. El mensaje de Pablo: salvación en Cristo para todas las comunidades étnicas

Ante esta encrucijada el Apóstol argumentó que la salvación divina no era solamente para un grupo particular, sino para todo el mundo dado que todos estaban bajo la maldición del pecado y eran reos de juicio divino (Hch 17:16-31; Ro 1:16-17). Debido a que nadie podía salir por mero esfuerzo humano de esa situación, todos necesitaban ser redimidos y perdonados (Ro 1:18-2:16). La obra de Jesús hizo esto posible: él derribó las barreras de separación y, por su medio, Dios hizo uno solo pueblo sin restricciones de ningún tipo: ésta es la iglesia, el cuerpo de Cristo donde todos han sido liberados del poder del pecado, de la Ley y de la muerte (Ro 3-7; Gl 3-5). Por lo tanto, ya no hay lugar para el exclusivismo, las distinciones sociales y la marginación (Ro 3:30-31; 9:25-26; 1 Co 12:13; Gl 3:28; Ef 2:11-21; Col 3:11). La justificación del pecado fue posible por medio de la fe en Jesucristo, ya no por las obras (Ro 3:27-28; 4:5; Gl 2:15-21; Ef 2:10), o por la obediencia a Ley Mosaica ni, en particular, por la práctica de la circuncisión (Ro 5:1; 1 Co 1:30; Gl 3:6-9; 5:6; 6:15).

De acuerdo con Pablo, si la gracia divina no tomaba en cuenta la raza ni la cultura de las personas, mucho menos las instituciones que privilegiaban a los israelitas y los separaban de quienes no eran como ellos. Lo que en última instancia importaba era la plena confianza y participación total en Cristo. Sin embargo, como buen judío-helenista, Pablo consideraba que la fe y las obras eran parte integral de esta fe salvadora. Por eso nunca definió la fe cristiana en oposición a Israel, sino en referencia a él, siempre privilegiando a la primera y extendiendo la gracia divina a todos los seres humanos. En sus cartas Pablo anima tanto a sus lectores gentiles a creer y aplicar este mensaje liberador a sus vidas como a los judíos a respetar y aceptar la total inclusión de los gentiles en igualdad de condiciones y sin requisitos extra. Sin duda, ésta fue la opción preferencial de su ministerio. Gracias a Pablo, el cristianismo, que comenzó siendo un movimiento judío, en pocas décadas, terminó siendo también un movimiento gentil. Siglos después, el impacto de la vida y obra de Pablo se sigue sintiendo todavía entre nosotros. Para quienes creemos que el ministerio cristiano es multirracial, interracial, multicultural e intercultural, Pablo es un gran precedente y modelo al que debemos poner mucha atención para nuestra comunicación actual del evangelio.

### i. Las cartas paulinas

Las epístolas de Pablo fueron parte de su más preciado legado al cristianismo en general y al NT en particular. Pero, ¿por qué cuesta trabajo entenderlas? En primer lugar, porque no somos los destinatarios originales y porque Pablo y sus lectores pasaron por experiencias que actualmente desconocemos. Segundo, porque existe una «historia común» que une al autor y sus lectores, porque nosotros carecemos de entrenamiento para leer y escribir documentos que reflejen una visión del mundo como la de Pablo y sus lectores originales, y para seguir de cerca complicadas formas de argumentación. Así que estas epístolas tuvieron sentido, pero para la gente que vivió en aquella época y cultura (que no son las nuestras). Finalmente, estas cartas fueron escritas de forma diferente a la manera en que nosotros nos comunicamos.

A pesar de estas limitaciones, aprendemos lo siguiente sobre la correspondencia paulina: Primero, las cartas paulinas fueron escritas para enseñar, fortalecer y animar la fe de sus destinatarios y un vehículo por medio del cual Pablo prodigó cuidado pastoral. Segundo, fueron sustitutos y, al mismo tiempo, extensiones del Apóstol y de su autoridad. Debido al enorme valor cultural que en ese entonces se le daba a los maestros como ejemplos a seguir, recibir y obedecer sus enseñanzas por carta era como recibir y obedecer al mismo Pablo (2 Co 10:11; 13:2, 10). Tercero, las cartas de Pablo fueron documentos contextuales: escritos en respuesta a desafíos concretos o para satisfacer necesidades muy particulares (es decir, no fueron escritos teniendo en mente a la gente de hoy). Cuarto, algunas de las cartas paulinas fueron escritas por secretarios (Ro 16:22; 1 Co 16:21; cf. 2 Ts 3:17) y llevadas por mensajeros, cuya misión también fue comunicar palabras de edificación (por ejemplo, Febe, Epafras, Timoteo, Tíquico). Quinto, es posible que algunos de los colaboradores de Pablo —mencionados al principio— también hayan sido co-autores de las cartas (1 Co 1:1; 1 Ts 1:1; cf. Col 1:1; 2 Ts 1:1). Sexto, sus cartas tendían a ser relativamente informales y eclécticas. No eran documentos oficiales, filosóficos o privados. Más bien era una combinación de todo ello. Séptimo, la correspondencia de Pablo sigue un formato bien definido: introducción, acción de gracias, cuerpo principal, exhortaciones y conclusión.

## 4. Contenido, contexto y propósito de los libros del NT

Si bien es cierto que todos los escritores del NT están de acuerdo en que Jesús es el mensaje central de la fe cristiana, también es cierto que es interpretado y adaptado de forma diferente por cada escritor y, por lo tanto, responden a la persona, vida, ministerio y obra de Jesús de maneras muy distintas. Es decir, contextualizan y re-contextualizan las buenas nuevas acerca de Jesús de forma muy personal, específica y concreta. A esto se debe que encontremos diversidad en la literatura que produjeron. Es cierto que muchas veces se complementan unos a otros, pero otras veces sus diferencias crean conflictos y divisiones.

Por ejemplo, la cristología de Mateo, Marcos y Lucas es muy distinta a la de Juan, que tiene una concepción mucho más elevada sobre Jesús. En muchas de sus cartas Pablo enfatiza la libertad total del yugo de la Ley Mosaica, mientras que Mateo promueve obediencia a ella. En torno a la justificación y el lugar de las obras, Pablo y Santiago parecen tener teologías con matices bastante diferentes. En la comunidad de Juan hubo claras divisiones en torno al asunto de la humanidad y divinidad de Jesús. Hechos y Romanos contrastan con Apocalipsis en torno a la posición y función de los cristianos respecto al estado o gobierno.

Esta realidad nos obliga a estudiar el contenido de los libros del NT dentro de los contextos y circunstancias que los motivaron, en vez de tratar de armonizarlos entre sí artificialmente. Para ello nos valdremos del bosquejo que parece seguir el orden de los libros en el canon del NT.

## a. El comienzo del cristianismo (4 libros)

La fe cristiana, tal como se expresa en las páginas de los documentos del NT, comienza con el mismo Cristo y con cuatro interpretaciones sobre su persona y obra. A estas versiones las hemos llamado *evangelios*. En la temprana historia de la iglesia se les tituló como «El evangelio según, o de acuerdo a». Mateo, Marcos y Lucas —llamados los Evangelios Sinópticos— proveen tres interpretaciones relativamente «semejantes» sobre la vida y obra de Jesús, pero a la vez muy diferentes. El Evangelio de Juan representa una tradición casi totalmente independiente y única. Los autores de estos libros en realidad son desconocidos. Aunque la tradición eclesiástica los ha conectado con algunos de los apóstoles o personajes muy cercanos a ellos.

Según la tradición de la iglesia, el Evangelio según Mateo fue escrito por Mateo —o Leví, el cobrador de impuestos y uno de los doce discípulos de Jesús (Mt 9:9; 10:3)— después del de Marcos y antes del de Lucas, posiblemente en Antioquía de Siria, cerca del 80 d.C. Este evangelio se escribió en un momento en que había tensiones entre algunos líderes judíos y los cristianos. Sin embargo, los eruditos dicen que en realidad no se sabe quién lo escribió, y que tal vez fue un escriba judío cristiano de segunda generación (Mt 13:52). En este evangelio —dirigido a judíos cristianos de habla griega y gentiles que seguían teniendo en alta estima la Ley Mosaica— se nos presenta a Jesús como el legítimo Mesías y Maestro de Israel, su advenimiento como el claro cumplimiento de las profecías de las Escrituras judías, y como el enviado para instruirlos para continuar con su misión de ministrar a todos los pueblos.

También de acuerdo con la tradición, y para muchos el primer evangelio escrito, el Evangelio de acuerdo con Marcos fue escrito por Juan Marcos de Jerusalén (compañero de viajes de Pablo e intérprete de Pedro. Ver Hch 12:12; 15:37; Flm 24), posiblemente en Roma o en algún lugar en la región de Siria-Palestina, entre el 66-70 d.C., y durante la revuelta judía en contra de los romanos. Pero, por cuanto el libro mismo no identifica a su autor, los eruditos también lo consideran anónimo y quizá de un judío de segunda generación convertido al cristianismo. Este evangelio —dirigido a cristianos-judíos que sufrían persecución— en forma resumida nos presenta a Jesús como el Mesías sufriente y obrador de milagros (símbolos de la llegada del reino de Dios, del poder divino y la confirmación del mensaje del Reino predicado por Jesús) y por quien sus discípulos deben estar dispuestos a sufrir también y perseverar hasta el fin.

Una vez que la iglesia se había convertido en un movimiento gentil, y de acuerdo con la tradición de la iglesia, el Evangelio según Lucas fue escrito por el médico y compañero de viajes de Pablo (Col 4:14; 2 Ti 4:11; Flm 24), cerca del año 85 d.C (luego de Marcos y Mateo), posiblemente en Antioquía o Éfeso. Por su lado, los expertos creen que su autor es un gentil de segunda generación convertido a la fe cristiana, bien educado en la literatura griega, cliente de Teófilo, y quien también escribió el libro de Hechos. Dirigido a Teófilo —posiblemente un funcionario grecorromano o un símbolo para referirse a cristianos-gentiles residentes en alguna ciudad no identificada «que aman a Dios» o «amados por Dios» (que es la traducción del nombre «Teófilo»)— este evangelio presenta a Jesús como el Señor y Salvador de toda la humanidad, cuya prioridad misionera fueron las personas en los márgenes de la sociedad.

Una vez más, de acuerdo con la tradición eclesiástica, el Evangelio de Juan fue escrito por Juan, el hijo de Zebedeo, hermano de Santiago y el discípulo amado de Jesús (ver Mt 4:21; Mc 3:17; Jn 19:26, 35; 21:20, 24), más o menos por el año 90 d.C., según se cree, luego de que los cristianos fueran expulsados de la sinagoga y algunos negaran la encarnación de Jesús, y posiblemente desde la ciudad de Éfeso. Pero tal y como sucede con los otros evangelios, y dado que el autor no se identifica en el documento, se cree que este evangelio es la obra de un redactor anónimo (que le dio su forma final. Ver Jn 21:24). Este libro guarda estrecha relación con las cartas que conocemos como 1, 2 y 3 Juan; y quizá del mismo escritor (o escritores) que pertenecía a la llamada tradición o comunidad juanina. Presentando una imagen mucho más elevada que la de los Sinópticos, Juan caracteriza a Jesús como la eterna Palabra de Dios encarnada, el Hijo de Dios en quien se debe profundizar la fe para obtener la vida eterna (Jn 20:30-31). Debido a este énfasis, se le denomina «el evangelio espiritual».

### b. La expansión del cristianismo (1 libro)

Al relato del comienzo de la fe cristiana, registrado en los cuatro evangelios, le sigue la única versión de la forma en que se diseminó el cristianismo por medio del ministerio de predicación y milagros realizados por apóstoles como Pedro, Santiago, Juan y Pablo. El libro de los Hechos de los Apóstoles es obra del mismo autor de Lucas (Lc 1:1-4; cf. Hch 1:1), escrito en Antioquía o Éfeso, entre el 80-90 d.C., y fue dirigido a Teófilo o a un grupo mayor de cristianos del mundo grecorromano. Como ya dijimos, en este documento se nos habla del origen y desarrollo de la iglesia cristiana comenzando por Jerusalén cuando llegó a la capital del imperio romano. Dado que el papel del Espíritu Santo es central en este desarrollo, también se le ha llamado «el evangelio del Espíritu Santo». La finalidad de este libro era hacer que los lectores se comprometieran más con el crecimiento y la defensa de la fe cristiana ante las acusaciones de que la iglesia representaba una amenaza al imperio romano, o que era una mera «superstición» por carecer de historia.

### c. Las creencias, las prácticas y los valores éticos del cristianismo (21 libros)

Estas cartas son una muestra de cómo los primeros líderes respondieron a los desafíos y necesidades de las recién nacidas comunidades cristianas. En estas repuestas también podemos entrever algunos de los principios más importantes que formaron la ideología y rigieron la vida de muchas de las iglesias primitivas.

Las cartas pueden dividirse en dos categorías: las paulinas y las universales o católicas. Las paulinas —de los documentos más antiguos del NT— fueron escritas antes que los evangelios, más o menos entre los años 50-64 d.C. Las universales se escribieron entre los años 62-110 d.C. En estas epístolas tenemos la ventaja de que las circunstancias que las motivaron y los contextos desde los que se escribieron son más claros que los de los evangelios y el libro de Hechos.

Las epístolas paulinas comienzan con Romanos, que es la más sistemática y extensa de la correspondencia paulina. Es probable que fuera escrita entre el 51-52 ó 55-58 d.C., desde la ciudad de Corinto. En ella, dirigiéndose a creyentes judíos y gentiles residentes de Roma, el apóstol Pablo argumenta que tanto judíos como gentiles pueden ser justificados delante de Dios por medio de la fe en Cristo. Al mismo tiempo prepara a los lectores para la visita que hará a la iglesia de Roma en su camino rumbo a España.

A la iglesia de Corinto (capital de la provincia de Acaya, en Grecia), Pablo escribe dos cartas que todavía conservamos (más adelante, veremos que Pablo tal vez escribió por lo menos cuatro). *1 Corintios*, probablemente escrita en Éfeso entre los años 46-50 ó 54-55 d.C., tiene como propósito unificar y restablecer orden en una iglesia —principalmente gentil— que ha sido dotada con recursos y dones del Espíritu, pero que está dividida y desgarrada por luchas de poder en diferentes áreas. En esta carta Pablo instruye a la comunidad en torno a asuntos relativos a la sabiduría, la ética cristiana, la unidad, el culto, y otros más.

En *2 Corintios* —probablemente escrita entre los años 55-57 d.C., en algún lugar de la provincia griega de Macedonia— Pablo procura reparar las relaciones rotas con los corintios, defiende la naturaleza de su apostolado y ministerio cristiano en contra de algunos acusadores, y anima a la congregación a hacer un generoso donativo para los pobres de Jerusalén. Algunos eruditos dicen que ésta es una combinación de varias cartas escritas por Pablo.

*Gálatas* probablemente fue escrita entre los años 54-56 d.C., quizá desde Éfeso o Corinto, a un grupo de iglesias en las ciudades de Listra, Iconio y Derbe que estaban ubicadas en el sur de la provincia de Galacia (lo que hoy es Turquía). La teología en esta carta parece ser una versión condensada de la de Romanos. Cuando Pablo se enteró de que un grupo de judío-cristianos estaban insistiendo en la obediencia a la Ley Mosaica —específicamente de la circuncisión— y cuestionaban su autoridad y mensaje, Pablo les escribió para recordarles que los cristianos eran libres en Cristo, que la Ley ya no tenía poder para regir su destino, y que tanto judíos como gentiles eran salvos por el poder de Jesús y debían vivir en el Espíritu. Así que los gálatas deberían regresar al evangelio de gracia que Pablo les había enseñado.

Hasta donde sabemos Pablo escribió cuatro cartas mientras estuvo preso, a las que hoy se les llama «cartas de la cautividad o prisión»: Efesios, Filipenses, Colosenses y Filemón. Pablo estuvo preso en tres ocasiones y en tres ciudades diferentes, y asumiendo que Pablo fue su autor, se sugiere que el lugar y fecha de composición de estas cartas fuera en el año 56 d.C., en Éfeso; entre el 58-60 d.C., en Cesarea; o tal vez entre el 61-63 d.C., en Roma.

Probablemente escrita entre el 60-64 d.C. (y para creyentes principalmente gentiles que vivían en el oeste de Asia Menor), la carta a los *Efesios* tiene una visión idealista de la realidad, realza la universalidad y unidad de la iglesia, considera la fe en Cristo como un hecho suficiente para la salvación y para vivir una vida cristiana fiel. Dado que la frase «en Éfeso» (Ef 1:1) no se encuentra en los mejores manuscritos, algunos estudiosos sugieren que esta carta más bien iba dirigida a los cristianos en general. Aunque es muy debatido, esta epístola encabeza la lista de documentos que supuestamente Pablo no escribió (junto con Colosenses, 2 de Tesalonicenses, 1 y 2 de Timoteo y Tito).

El Apóstol también escribió a la iglesia de *Filipos* (ubicada al noreste de Grecia en la provincia de Macedonia), donde la mayoría de los creyentes eran gentiles, con el fin de expresarles su amistad, animarles a gozarse en medio de la adversidad y para agradecer el apoyo financiero que le habían dado.

Compuesta entre el 61-63 d.C., la carta a los *Colosenses* es muy similar a Efesios en contenido, estilo, formato y tono. Aquí el autor enfatiza el carácter divino y el poder cósmico de Jesús, da dirección a la ética de sus lectores y los argumentos para responder a las falsas doctrinas. La comunidad de fe de Colosas —ubicada en la provincia romana de Asia— fue fundada por Epafras (colaborador de Pablo). Parece que los lectores eran principalmente gentiles en un lugar donde se estaba dando una mezcla de enseñanzas judías y gnósticas.

Escrita desde Corinto por el año 50 d.C., *1 Tesalonicenses* tal vez es la primera de las cartas escritas por Pablo. A esta comunidad cristiana gentil, Pablo la exhorta para que continúe siendo modelo de fe, a no desanimarse por la persecución ni las dudas que tienen sobre el destino de los difuntos a la luz del retorno de Cristo, y busca animar a los creyentes a vivir una vida fiel.

Algunos eruditos cuestionan la autenticidad de *2 Tesalonicenses*, escrita un poco después de la primera —más o menos entre el 51-52 d.C.— en la que el Apóstol buscaba desmentir a quienes afirmaban que el día del Señor ya había llegado y también presentó algunas «señales» que los auxiliaran para reconocer dicho evento. Sin embargo, hasta que el regreso de Cristo no se realizara, los tesalonicenses deberían seguir teniendo esperanza, estar alerta y conducirse correctamente.

En las *cartas pastorales* —llamadas así por el énfasis que hacen en las tareas de los pastores— se dan instrucciones concretas a algunos líderes cristianos vinculados con Pablo. A éstas pertenecen *1 Timoteo*, *2 Timoteo* y *Tito*. Sin embargo, la paternidad paulina de las pastorales ha sido cuestionada debido a diferencias con otras cartas de Pablo (Romanos, 1 y 2 Corintios, Gálatas, Filipenses, 1 Tesalonicenses y Filemón) y otros aspectos históricos. Si bien algunos estudiosos las atribuyen al Apóstol, otros consideran que fueron escritas por un discípulo (o discípulos) de Pablo luego de su muerte, y con el fin de preservar su legado. Como sucede con otros libros del NT, el lugar de composición de las pastorales es desconocido. La fecha de composición depende de que Pablo fuera el autor o no. Si lo fue, entonces las escribió tarde en su vida, posiblemente entre el 60-64 d.C. Si él no fue el autor, entonces se proponen los años 80-100 d.C.

En *1 Timoteo*, probablemente escrita entre el 60-61 d.C., y desde un lugar desconocido, el escritor comparte una serie de consejos prácticos con su discípulo y colaborador de ministerio, Timoteo, quien parece encontrarse en Éfeso. El propósito es capacitarlo para establecer el orden en las iglesias bajo su cargo y contrarrestar las falsas enseñanzas que se estaban filtrando en la congregación. En *2 Timoteo* el autor se concentra más en Timoteo. Esta carta —tal vez escrita entre el 62-63 d.C.— es una especie de «testamento». Ya listo para morir, el autor imparte instrucciones pastorales y éticas a su joven discípulo Timoteo. *Tito* —escrita entre el 63-64 d.C.— en realidad es un tratado en el que el autor previene a este líder en contra de la amenaza de las falsas doctrinas en la isla de Creta.

La carta a *Filemón* es un claro ejemplo de diplomacia cristiana en la que Pablo escribe a este amigo (y a la iglesia que se reunía en su hogar y estaba bajo su autoridad), ubicado en Colosas, en el oeste del Asia Menor, con el objeto de pedir que le dé la libertad a su esclavo Onésimo. Es probable que Pablo también haya escrito con la finalidad de que Onésimo le siguiera apoyando en sus actividades misioneras. Dado que Pablo está en prisión cuando manda ese mensaje, se cree que esta carta fue escrita en alguna de las ciudades y fechas en que se sugiere que fue escrita la de los Filipenses.

Las *epístolas universales* o *católicas* han sido llamadas así porque no tienen un destinatario particular, y fueron dirigidas a todos los cristianos en general. Estos documentos, que representan diferentes tradiciones cristianas, fueron atribuidos a distintos apóstoles, o se han considerado anónimas o seudónimas (escritos en nombre de un apóstol o líder cristiano prominente). Bajo esta categoría se encuentra Hebreos, Santiago, 1 y 2 de Pedro, 1, 2 y 3 de Juan, y Judas (aunque algunos excluyen Hebreos de esta lista). Quizá la única excepción pudiera ser 3 de Juan, ya que este documento es una carta personal dirigida a Gayo.

*Hebreos* —en algún momento atribuido a Pablo— en realidad es un documento anónimo. Tampoco sabemos quiénes fueron sus destinatarios ni el lugar de composición. Escrito más o menos por el 80 d.C., este «sermón» o «palabra de exhortación» —como el autor califica su obra en 13:22— está dirigida a cristianos judíos (posiblemente en Alejandría, Jerusalén o Roma) y enfatiza la superioridad absoluta de Cristo el Hijo de Dios, sobre algunas de las instituciones del judaísmo. También exhorta a quienes han regresado a su antigua vida, o están a punto de abandonar la fe cristiana, y les anima a permanecer en Cristo.

Escrito a más tardar entre el 80-90 d.C., *Santiago* es una colección de exhortaciones y máximas morales dirigidas a cristianos judíos que viven fuera de Palestina (llamados «las doce tribus de Israel»), y cuya fe está siendo probada. El autor —que se identifica a sí mismo como «siervo del Señor», pero que la tradición considera que es «el hermano del Señor» y reside en Palestina— anima a la iglesia a expresar su fe en acciones, denuncia a los ricos por su impiedad y toma partido con los pobres. Junto con Lucas, Santiago es uno de los documentos más radicales sobre este último tema.

Según la tradición eclesiástica, el apóstol Pedro escribió dos cartas. Sin embargo, los estudiosos creen que son anónimas o seudónimas. En *1 Pedro* —dirigida a cristianos esparcidos por las regiones del Ponto, Galacia, Capadocia, Asia y Bitinia (Turquía)— el escritor anima a sus lectores a vivir vidas santas como buenos ciudadanos terrenales y peregrinos celestiales a pesar de los agravios que sufren. Se cree que esta epístola fue escrita desde Roma entre el 60-64 d.C., o a más tardar entre el 80-90 d.C. Por su parte, desde un lugar desconocido, *2 Pedro* tal vez fue escrita entre el 60-64 d.C., o a más tardar entre el 80-100 d.C. Esta carta es una fuerte amonestación en contra de quienes creían que el regreso de Cristo ya había ocurrido y desacredita las enseñanzas de esos supuestos «maestros». Los lectores parecen haber estado familiarizados con los escritos de Pablo. Este documento guarda ciertos paralelismos con la carta de Judas.

La tradición epistolar juanina sigue a la petrina. Escritas por el anciano —a quien la tradición identifica con Juan, el hijo de Zebedeo, y discípulo amado— *1, 2 y 3 de Juan* guardan una estrecha relación con el evangelio del mismo nombre. De allí que los expertos crean que todos estos documentos forman parte de la comunidad o tradición juanina, y que las cartas hayan sido escritas entre en el 100-110 d.C. por el mismo autor, después del Evangelio de Juan y posiblemente en la región de Siria. Así pues, para contrarrestar entre los creyentes cristianos la influencia que están teniendo algunos maestros gnósticos y sus malos hábitos de conducta, *1 Juan* busca reforzar la creencia de que Cristo es totalmente humano y que los cristianos deben practicar el amor fraternal entre ellos mismos. Sobre esta misma base, *2 de Juan* busca proteger a la iglesia en contra de quienes creen que Cristo no vino en la carne y les exhorta a no darles hospitalidad. Es posible que esta carta haya sido dirigida a una matrona en cuyo hogar se reunía la iglesia (a quien se le llama «la señora elegida»). Por último, *3 Juan* —el documento más corto del NT— es una carta más personal con la que el autor anima a Gayo a continuar siendo ejemplo de fe y brindar hospitalidad a los predicadores itinerantes (de los que Demetrio fue líder modelo y huésped de Gayo).

La carta de *Judas* es un documento que posee algunos paralelismos con 2 Pedro. Este corto tratado es atribuido al hermano de Santiago (Mc 6:3; 1 Co 9:5), pero es considerado como seudónimo por los estudiosos. Probablemente escrita en el 60 d.C. o a más tardar entre el 80-90 d.C., este libro afirma y trata de proteger la fe de los lectores (v. 3) —en su mayoría gentiles— advirtiéndoles sobre la personalidad, enseñanzas y estilo de vida inmoral de los falsos maestros.

### d. La culminación del cristianismo (1 libro)

El NT cierra sus páginas con el libro de *Apocalipsis*: una declaración profética acerca del final de los tiempos y la victoria definitiva de Dios y Cristo sobre las fuerzas del mal y sus aliados. Por medio de un lenguaje simbólico, este libro tiene la finalidad de animar a los creyentes, que están sufriendo persecución, a ser fieles hasta la muerte afirmando la esperanza de que Dios está en control de la historia y que Cristo habrá de regresar triunfalmente al final de los tiempos. En ese entonces los fieles serán recompensados y los injustos castigados. Es posible que este documento se haya escrito en algún lugar en el oeste de Asia Menor (la isla de Patmos, en el Mar Mediterráneo), al final del gobierno del emperador Domiciano, por el año 95 d.C. Se cree que el autor de este libro es el mismo Juan del evangelio y la correspondencia juanina. Sin embargo, muchos expertos también lo consideran anónimo o seudónimo. En particular este documento fue dirigido a las iglesias de Éfeso, Esmirna, Pérgamo, Tiatira, Sardis, Filadelfia y Laodicea.

## 5. Otros escritos del cristianismo temprano

Es ilógico limitar la producción literaria que hubo durante la época del cristianismo a sólo 27 libros. Dentro y fuera del NT hay evidencia sobre otros documentos cristianos (o que son importantes para entender la naciente fe cristiana). Algunos se perdieron, otros se mencionaron de paso y otros fueron parcialmente citados.

Por ejemplo, sabemos que hubo otras cartas que no tenemos y que por ello no fueron incorporadas en el Canon (2 Ts 2:15; 3:17; 2 P 3:14-16). Además de 1 y 2 Corintios, parece ser que el apóstol Pablo escribió por lo menos dos más (2 Co 10:9-11; cf. 1 Clemente 47, 1-7): una antes de 1 Corintios (1 Co 5:9) y otra entre ésta y 2 Corintios, que ha sido llamada la «carta de lágrimas» (2 Co 2:1-4; 7:8). El mismo autor afirma haber enviado una carta a la iglesia de

Laodicea, que también debía ser leída por los colosenses (Col 4:15-16), pero que no tenemos.

Por otro lado, la literatura post-apostólica refuerza la idea de que Pablo escribió mucho más de lo que tenemos a la mano. En su carta a los efesios, Ignacio de Antioquía (35-107 d.C.) —obispo de esa ciudad y mártir bajo el reinado del emperador romano Trajano (ca. 98-117 d.C.)— señala que Pablo escribió otras cartas en las que habla sobre ellos, aunque no especifica en cuáles o cuántas escribió (Ignacio a los Efesios 12,2). Policarpo de Esmirna (69-155 d.C.), que fue discípulo del apóstol Juan, indica que Pablo escribió más de una carta a los filipenses (Policarpo a los Filipenses 3,1-3).

En la época neotestamentaria, las cartas de recomendación a favor de mensajeros parecen haber sido populares (Ro 16:1-2; 1 Co 16:3; 2 Co 3:1-3). También se habla de documentos de extradición, como el que Saulo obtuvo del Sanedrín judío para arrestar a los cristianos (Hch 9:2; 22:5). Algunas congregaciones enviaron correspondencia a los apóstoles planteando preguntas y preocupaciones (1 Co 1:11; 7:1; cf. Hechos de Pablo); mientras que otros líderes cristianos —vistos como adversarios de los apóstoles y proponentes de un «evangelio diferente»— parecen haber escrito cartas a las congregaciones para diseminar sus enseñanzas (2 Ts 2:2). Sin embargo, sabemos de ellos sólo por medio de las breves referencias hechas por sus acusadores. Algunos documentos —cristianos o no— son citados directamente en el NT, por ejemplo, la carta que la iglesia de Jerusalén envió a las comunidades de Antioquía, Siria y Cilicia aparece en Hechos (Hch 15:22-29); lo mismo que la carta que Claudio Lisias envió al gobernador Félix para hablar de Pablo y los cargos en su contra (Hch 23:25-30).

Curiosamente, algunos escritos cristianos, que en un momento dado de la historia fueron parte del canon del NT en formación, terminaron siendo excluidos por razones no muy claras. Una de ellas fue la falta de uso en el culto por parte de las iglesias. Algunos de estos documentos sobrevivieron y ahora forman parte de la literatura denominada de los Padres de la Iglesia o Apostólicos. Entre los más renombrados tenemos a *La Enseñanza de los Doce* (un resumen de vicios que llevan a la muerte y virtudes que llevan a la vida), *1 de Clemente* (carta pastoral escrita por el tercer obispo de Roma a los corintios), *El Apocalipsis de Pedro* (visiones del cielo y de la tierra atribuidas a Pedro), *La Epístola de Bernabé* (carta atribuida al mentor judío-cristiano de Pablo) y *El Pastor de Hermas* (escrito místico y apocalíptico). A este grupo podemos añadir, 1) las cartas de Ignacio a los efesios, los magnesios, los trallanos, los romanos, los filadelfos, los esmirnoitas y a Policarpo; 2) la epístola de Policarpo a los filipenses; 3) el Martirio de Policarpo; 4) los Hechos de Pilatos; 5) los Hechos de Juan; 6) 2 de Clemente; 7) La Epístola de los Apóstoles; y 8) la Epístola de Diogneto.

Existe otro grupo de documentos llamado apócrifos del NT. Estos documentos —de valor dudoso por ser tardíos, de carácter legendario, e incorporar elementos del gnosticismo— preservan muchos de los dichos y contienen información interesante acerca de Jesús (El Evangelio de Tomás, El Evangelio de Pedro, El Evangelio Secreto de Marcos, Apócrifo de Santiago, y otros). Estos también son una ventana a la vida, creencias y luchas de las iglesias durante el segundo y tercer siglo. Desafortunadamente, documentos como el Protoevangelio de Santiago, el Diálogo del Salvador, el Evangelio de los Egipcios, el Evangelio de los Hebreos, el Evangelio de Nazarenos, el Evangelio de los Ebionitas y el Evangelio de la Infancia según Tomás, han sobrevivido sólo en forma fragmentaria.

A través de este recorrido nos damos cuenta que hubo una intensa actividad literaria durante el surgimiento del cristianismo. Sería ingenuo de nuestra parte creer lo contrario. Por decirlo así, el NT es apenas la parte visible del témpano de hielo. De allí que nuestro conocimiento del cristianismo primitivo será enriquecido si también estudiamos esta literatura extra-canónica.

## Capítulo 4
# El mundo social del Nuevo Testamento: Huellas, heridas, cicatrices

$\mathcal{P}$ara entender y explicar la identidad de un personaje destacado, un grupo notable, una forma de pensamiento influyente o un movimiento social de gran envergadura en el devenir de cualquier pueblo, se debe conocer a fondo el contexto de su origen, formación y desarrollo y las fuerzas que contribuyeron a ello. Lo mismo puede decirse acerca del cristianismo, es decir, de Jesús, sus seguidores, los grupos a los que sirvieron, los documentos que dan testimonio sobre los protagonistas y la institución religiosa que se formó sobre esta base años más tarde.

El NT no surgió de la nada ni apareció como por arte de magia. Tampoco fue enviado por Dios directamente del cielo o cayó de la estratosfera como si fuera un meteorito. Esta antología literaria es fruto y reflejo de un complejo contexto geográfico, histórico-político, socio-económico, cultural, filosófico y religioso. Detrás, y dentro de cada documento del NT, existieron fuerzas sociales que forjaron su producción y se manifestaron en su contenido, pero que permanecen ocultas a nuestros ojos porque no fuimos parte de ese mundo. Aunque este multifacético y dinámico contexto creó las condiciones necesarias para la expansión de la fe cristiana en el mundo, años más tarde también influyó en su posterior desarrollo e institucionalización como movimiento religioso. Las culturas judía, romana y griega marcaron profundamente al NT y a todos los protagonistas, contribuyendo así a su formación y crecimiento (*huellas*) o aprovechándose de ellos y abusándolos (*heridas*). Como quiera, las marcas han quedado allí para nuestra edificación y aprendizaje (*cicatrices*).

El entorno social ejerció un enorme impacto sobre la formación del NT. Por consecuencia, refleja creencias, valores, ideas y patrones de comportamiento humano propios de las sociedades judías, griegas y romanas. Esto quiere decir que es necesario tomar en cuenta lo que dice el NT bajo la luz de las ideas del mundo que le sirvió de matriz y ambiente socializador. Dado que el NT no nos dice todo sobre el contexto social en que se formó, entonces es bueno tener un conocimiento más amplio de lo que el NT afirma. Existen seis escenarios del mundo del NT que merecen nuestra atención: la realidad geográfica, la histórico-política, la socio-económica, la cultural, la filosófica y la religiosa. Todas son importantes y se influyen mutuamente. El cuadro de abajo muestra dicha relación:

EL MUNDO SOCIAL DEL NUEVO TESTAMENTO

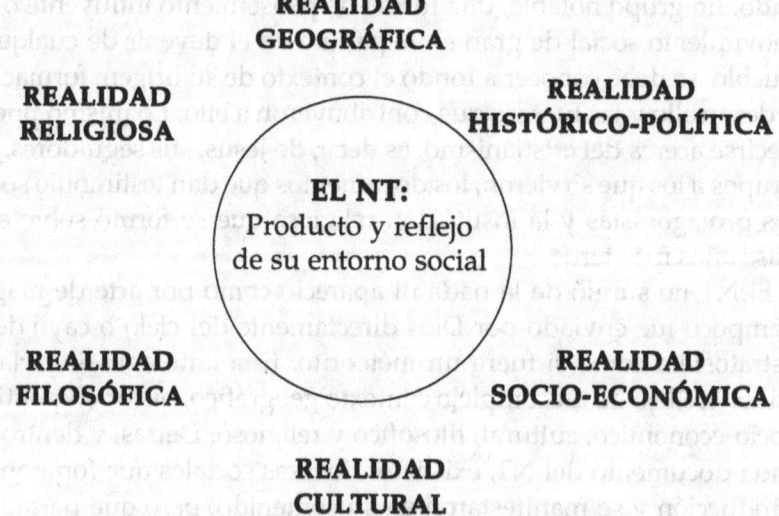

En este capítulo, entonces, no queremos ser simplistas, complicados o vagos al apuntar a estas realidades, sino sólo selectivos, intencionales y prácticos. Dado que los seres humanos procesamos y retenemos información cuando utilizamos imágenes mentales, a continuación reconstruiremos los escenarios que nos permitirán visualizar cómo fue el complejo mundo del NT.

# 1. Escenario geográfico

Para entender el NT es indispensable conocer la ubicación, la configuración, la extensión y las características principales de «los espacios físicos» que sirvieron de plataforma para el comienzo y la expansión de la fe cristiana. Porque no crecimos dentro del mundo del NT, a menudo nos sentimos desubicados cuando leemos acerca de ciudades, villas, mares, ríos, valles, montañas o regiones geográficas que no son parte de nuestra vida cotidiana. Por eso precisamos orientarnos geográficamente con la ayuda de mapas y explicaciones sobre los lugares que se mencionan en el NT. Por ahora nos limitamos a hacer algunas observaciones sobre la tierra de Palestina y el territorio bajo el yugo de los romanos.

## a. La región de Palestina

Jesús y sus primeros seguidores crecieron en una región a la que históricamente se le ha llamado de varias maneras: Canaán («tierra de comerciantes»), Palestina («tierra de los Filisteos»), Judá (nombre tomado de una provincia y aplicada a toda la región), y hoy la conocemos como Israel («quien lucha contra Dios») o «la tierra santa». Con una extensión territorial de 8,750 millas cuadradas aproximadamente (175 millas de norte a sur, y 50 millas de este a oeste), Palestina siempre ha tenido una ubicación geográfica estratégica pero ambivalente. Por una parte sirvió de puente entre Asia, África y Europa y se benefició del comercio y las contribuciones culturales de los transeúntes; por otra, fue campo de batalla de imperios que la controlaron para su propio provecho. Esta realidad la vemos claramente durante el tiempo del Antiguo Testamento.

La Palestina del NT limitaba al norte con las regiones de Fenicia (ahora Líbano) y Siria. Al sur se encontraba Nabateos (ahora Arabia Saudita) y Egipto. Al oeste estaba el Mar Grande o Mediterráneo, y al este pasando el río Jordán estaba la zona de Arabia (ahora Jordania).

Palestina estuvo bajo ocupación romana en días del NT, y sus colonizadores la dividieron para tener un mejor control económico, político, étnico y militar. Los distritos más notables fueron los siguientes: Idumea y Judea al suroeste del Mar Muerto, al noroeste del río Jordán estaba Samaria, Galilea y Fenicia. Al noreste del lago de Galilea, estaban Iturea, Gaulanitis, Traconitis, Batanea y Auranitis. Al sureste del lago de Galilea se encontraba Decápolis, y Perea más al sur del lado este del Jordán.

Jesús vivió la mayor parte de su vida en el distrito de Galilea, especialmente en la parte sur y cercana al lago de Galilea. Aunque Belén de Judea (en el sur y cerca de Jerusalén) fue el lugar de su nacimiento (Lc 2:1-20), la población norteña de Nazaret fue su hogar de crianza (Mt 2:19-23) y donde se le rechazó por primera vez al comenzar su ministerio (Lc 4:16-30). Quizá la zona desierta que se encuentra al este del lago de Galilea fue el lugar donde el diablo lo tentó (Mt 4:1-11). En Capernaúm, que sirvió como centro de operaciones para su ministerio, Jesús realizó muchos de sus milagros (Mt 8:14-15; Mc 1:21-28; Lc 5:1-11), pagó impuestos (Mt 17:24-27) y predicó el sermón sobre el «Pan de Vida» (Jn 6:22-59). Se cree que en sus cercanías también predicó «el sermón del monte» (Mt 5:1-8:1). En Caná Jesús cambió el agua en vino (Jn 2:1-11) y sanó al hijo de un funcionario real (Jn 4:46-54). Resucitó al hijo de una viuda en Naín (Lc 7:11-16). En Betsaida le devolvió la vista a un ciego (Mc 8:22-26); cerca de ella alimentó a más de cinco mil personas (Mt 14:13-21) para luego de caminar sobre las aguas del lago de Galilea (Mt 14:22-33). En Genesaret sanó a unos enfermos (Mc 6:53-56) y en Gadara expulsó a un grupo de demonios que luego se posesionaron de unos cerdos (Lc 8:26-39). En el área de Corazín pronunció juicio en contra de ella y las ciudades de Betsaida y Capernaúm (Mt 11:20-24). Se cree que en el Monte Hermón o Tabor se transfiguró ante Pedro, Juan y Santiago (Mt 17:1-13).

Sin embargo, Jesús también hizo esporádicas visitas a áreas cercanas al lugar de su crianza. Por ejemplo, en el norte de Galilea, en la ciudad de Tiro, curó a la hija de una mujer siro-fenicia o cananea (Mt 15:21-28). Cesarea de Filipos fue el lugar en donde Pedro lo confesó como Mesías (Mt 16:13-20). Decápolis, al oeste, fue lugar de varias de las sanidades que realizó (Mt 15:29-31; Mc 7:31-37); lo mismo sucedió en Perea (Lc 13:10-13; 14:1-6) y en esa localidad Jesús habló sobre el matrimonio (Mt 19:1-12). Un poco más al sur, entre la región de Galilea y Samaria, sanó a diez leprosos (Lc 17:11-19) y en la ciudad de Sicar tuvo su encuentro con la mujer samaritana junto al pozo de Jacob (Jn 4:1-42).

La incursión de Jesús en la región de Judea fue el principio del fin para él. En Jericó sanó al ciego Bartimeo y fue donde Zaqueo se convirtió en su discípulo (Mc 10:46-52; Lc 19:1-10). Lázaro fue resucitado en Betania

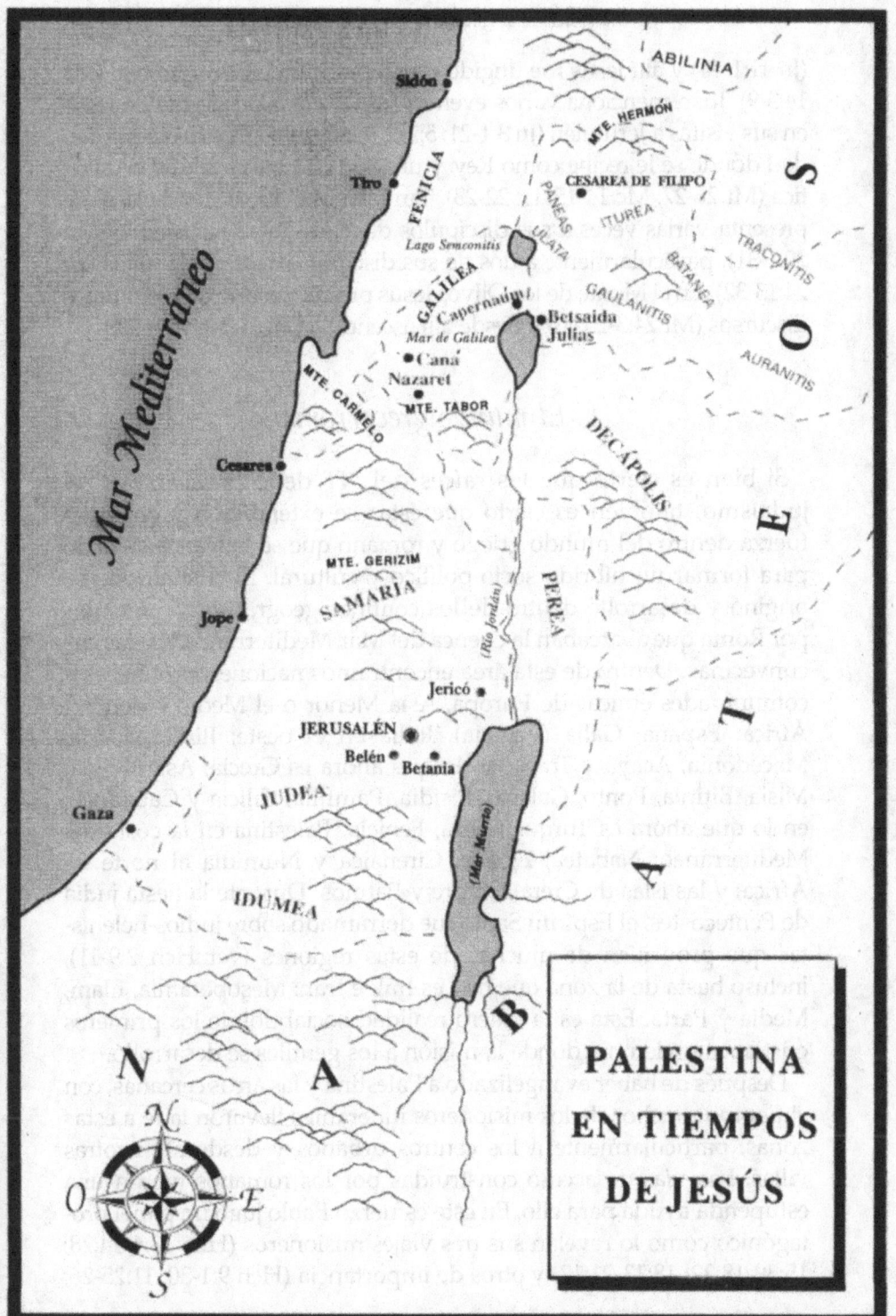

(Jn 11:1-44) y allí Jesús fue ungido en preparación para su muerte (Mc 14:3-9). Juan menciona varios eventos importantes de la vida de Jesús en sus visitas a Jerusalén (Jn 3:1-21; 5:2-9; 8:2-59; 9:1-12), y es en esta ciudad donde se le recibe como Rey, y una semana más tarde se le crucifica (Mt 26-27; Mc 14-15; Lc 22-23). También es el lugar donde Jesús se presenta varias veces a sus discípulos después de su resurrección (Jn 20:1-31), particularmente a dos de sus discípulos camino a Emaús (Lc 24:13-32). En el Monte de los Olivos Jesús pronunció uno de sus últimos discursos (Mt 24:3-25:46) y desde allí ascendió al cielo (Hch 1:6-12).

## b. El mundo grecorromano

Si bien es cierto que las raíces del NT deben buscarse en el judaísmo, también es cierto que éstas se extendieron y cobraron fuerza dentro del mundo griego y romano que se habían fusionado para formar un híbrido socio-político y cultural. El cristianismo se originó y desarrolló dentro de los confines geográficos dominados por Roma que abarcaban la cuenca del Mar Mediterráneo y áreas circunvecinas. Dentro de esta área encontramos naciones, provincias y comunidades étnicas de Europa, Asia Menor o el Medio Oriente y África: España, Galia (Francia), Italia en el oeste; Iliria, Moesia, Macedonia, Acaya y Tracia en lo que ahora es Grecia; Asia, Frigia, Misia, Bitinia, Ponto, Galacia, Pisidia, Pamfilia, Cilicia y Capadocia en lo que ahora es Turquía; Siria, Fenicia, Palestina en la costa del Mediterráneo; Nabatea; Egipto, Cirenaica y Numidia al norte de África; y las islas de Creta, Chipre y Patmos. Durante la fiesta judía de Pentecostés, el Espíritu Santo fue derramado sobre judíos-helenistas que provenían de muchas de estas regiones (ver Hch 2:9-11), incluso hasta de la zona que hoy es Irak e Irán: Mesopotamia, Elam, Media y Parta. Esta es la macro realidad social donde los primeros cristianos vivieron y donde la misión a los gentiles se desarrolló.

Después de haber evangelizado a Palestina y las áreas cercanas, con el tiempo muchos de los misioneros itinerantes llevaron la fe a estas zonas, particularmente a los centros urbanos y desde allí a otras villas. Las vías de acceso construidas por los romanos fueron una estupenda ayuda para ello. En este esfuerzo Pablo jugó un papel protagónico como lo revelan sus tres viajes misioneros (Hch 13:4-14:28; 15:39-18:22; 18:23-21:17) y otros de importancia (Hch 9:1-30; 11:25-26;

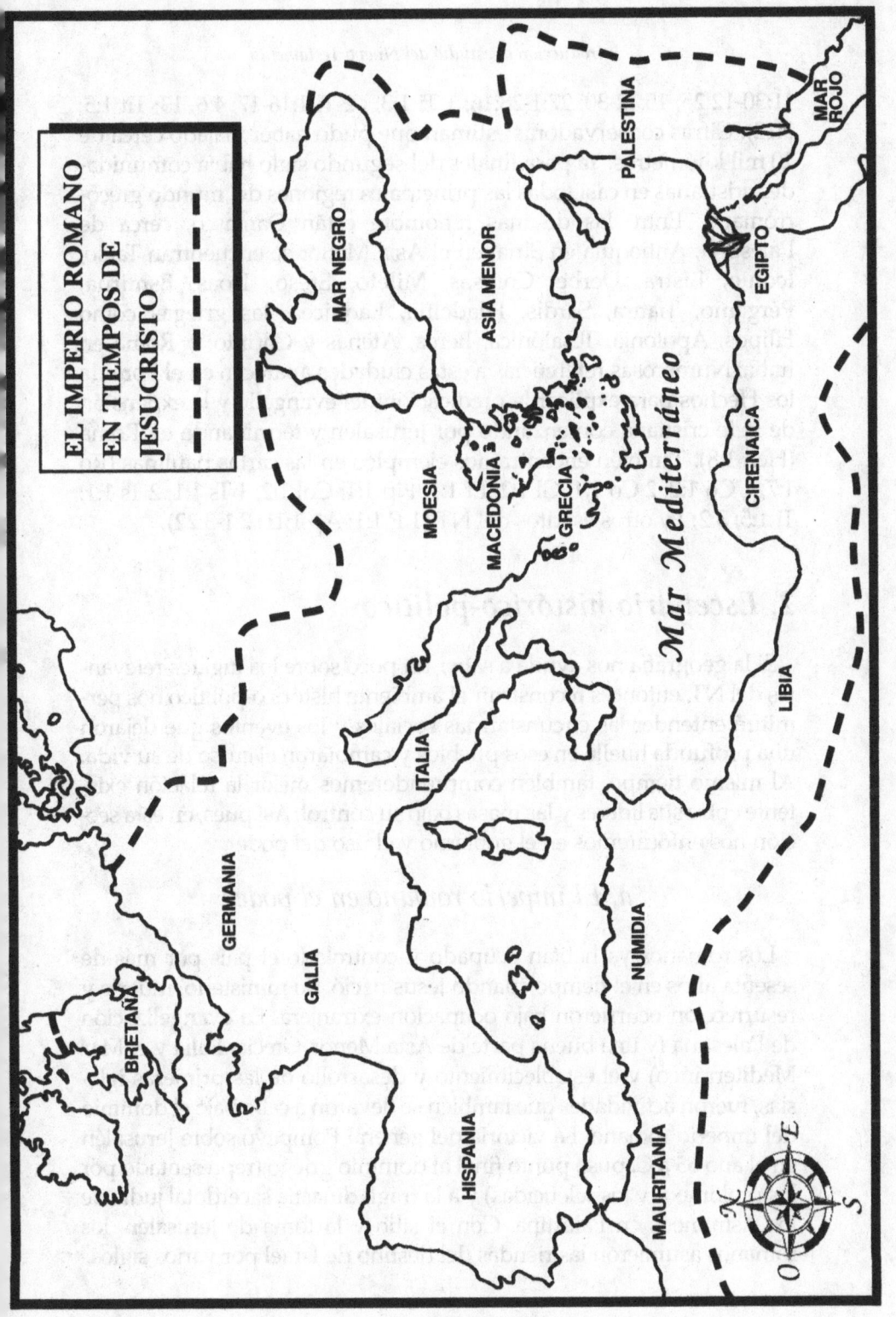

11:30-12:25; 15:12-30; 27:1-28:16; 1 Ti 1:3; ; 2 Ti 1:16-17; 4:6, 13; Tit 1:5; 3:12). Cifras conservadoras estiman que pudo haber viajado cerca de 20 mil kilómetros. Ya para finales del segundo siglo había comunidades cristianas en casi todas las principales regiones del mundo grecorromano. Entre las de más renombre están Damasco, cerca de Palestina; Antioquía en Siria; en el Asia Menor se encuentran Tarso, Iconio, Listra, Derbe, Colosas, Mileto, Éfeso, Troas, Esmirna, Pérgamo, Tiatira, Sardis, Filadelfia, Laodicea; las griegas como Filipos, Apolonia, Tesalónica, Berea, Atenas y Corinto; y Roma en Italia. Numerosas referencias a estas ciudades aparecen en el libro de los Hechos para explicar la predicación del evangelio y la expansión de la fe cristiana comenzando por Jerusalén y terminando en Roma (Hch 1:8). También encontramos ejemplos en las cartas paulinas (Ro 1:7; 1 Co 1:2; 2 Co 1:1; Gl 1:2; Ef 1:1; Flp 1:1; Col 1:2; 1 Ts 1:1; 2 Ts 1:1; Ti 1:5; 3:2; ) y otros escritos del NT (1 P 1:1; Ap 1:11; 2:1-3:22).

## 2. Escenario histórico-político

Si la geografía nos ayuda a saber un poco sobre los lugares relevantes del NT, entonces reconstruir el ambiente histórico-político nos permitirá entender las circunstancias sociales y los eventos que dejaron una profunda huella en esos pueblos y cambiaron el curso de su vida. Al mismo tiempo, también comprenderemos mejor la relación existente entre sus líderes y las masas bajo su control. Así pues, en esta sección nos enfocaremos en el gobierno y el uso del poder.

### a. El imperio romano en el poder

Los romanos ya habían ocupado y controlado el país por más de sesenta años en el tiempo cuando Jesús nació. Su ministerio, muerte y resurrección ocurrieron bajo ocupación extranjera. La evangelización de Palestina (y una buena parte de Asia Menor, Grecia, Italia y el Mar Mediterráneo) y el establecimiento y desarrollo de las primeras iglesias, fueron actividades que también se llevaron a cabo bajo el dominio del imperio romano. La victoria del general Pompeyo sobre Jerusalén en el año 63 a.C. puso punto final al dominio griego (representado por los ptolomeos y los seléucidas) y a la frágil dinastía sacerdotal judía de los Asmoneos en Palestina. Con el sitio y la toma de Jerusalén, los romanos asumieron las riendas del destino de Israel por varios siglos.

El NT abre sus páginas en el momento en que Octavio César Augusto (31 a.C.–14 d.C.), el gran propulsor de la República Romana y quien preparó el camino para el Período Imperial, gobernaba el imperio que se extendía por la cuenca del Mediterráneo. Fue él quien autorizó el censo de la comunidad judía y forzó a José y María a ir a Belén donde nació Jesús (Lc 2:1). Tiberio estuvo en el poder (14-37 d.C.) durante la niñez de Jesús y el tiempo de su ministerio terrenal. Claudio fue el emperador en turno (41-54 d.C.) cuando Pablo se convirtió a la fe cristiana y realizó buena parte de sus viajes misioneros (34-64 d.C., ver Hch 27:1-28:31). Este emperador expulsó a los judíos de Roma y fue por ello que Pablo conoció a Aquila y Priscila (Hch 18:1-2). Después de que un enorme incendio consumió una buena parte de la ciudad de Roma, el emperador Nerón (54–68 d.C.) culpó a los cristianos y desencadenó una sangrienta persecución en su contra. Las cartas de Pablo fueron escritas durante los primeros años de la gestión administrativa de este emperador. Y, de acuerdo a la tradición de la iglesia, fue Nerón quien ejecutó a los apóstoles Pedro y Pablo.

Para cuando se dio la revuelta nacionalista de los zelotas en contra del yugo opresor, la inestabilidad política en Roma ya había producido la sucesión de cuatro emperadores en un año. Finalmente, en el año 69 d.C., Vespasiano se convirtió en emperador, y fue cuando sus ejércitos, al mando de su hijo Tito, destruyeron la ciudad y el Templo de Jerusalén en el 70 d.C. Después de que un grupo de judíos se refugió en la fortaleza de Masada por varios meses, y la décima legión romana finalmente la tomó, los insurgentes prefirieron suicidarse en masa para no ser capturados ni esclavizados por las fuerzas imperiales (73 d.C.). A finales del primer siglo, el emperador Domiciano persiguió a los cristianos y sus acciones fueron condenadas por el autor de Apocalipsis.

La lista de emperadores romanos es larga pero los más relevantes para la interpretación del NT son los siguientes:

*Emperadores romanos durante la época del Nuevo Testamento*

| | |
|---|---|
| Octavio (César Augusto) | 31 a.C.–14 d.C. |
| Tiberio | 14–37 d.C. |
| Gayo Calígula | 37–41 d.C. |
| Claudio | 41–54 d.C. |
| Nerón | 54–68 d.C. |
| Galba | 68–69 d.C. |

| | |
|---|---|
| Otto | 69 d.C. |
| Vitelio | 69 d.C. |
| Vespasiano | 69–79 d.C. |
| Tito | 79–81 d.C. |
| Domiciano | 81–96 d.C. |
| Nerva | 96–98 d.C. |
| Trajano | 98–117 d.C. |

Como es obvio, el gobierno central del imperio estaba en Roma, capital de Italia. Había dos autoridades: el emperador y el senado. Este último, se componía por líderes de la nobleza en el orden *senatorial*, y de la clase comerciante en el orden *ecuestre*. Aunque la función del senado era moderar la gestión del emperador, éste tenía la autoridad para vetarlo y para deponer a sus miembros.

El emperador se encargaba de dirigir al imperio, proteger a sus súbditos y fomentar el progreso en todos los niveles. Su poder era casi absoluto y se le consideraba como «Señor», «Salvador», «Hijo de Dios» y hasta «Dios» mismo. Todos los súbditos le debían lealtad, obediencia y culto. Hasta donde sabemos, Gayo Calígula, Nerón y Domiciano insistieron en que se les venerara como seres divinos. Estos mismos títulos, sin embargo, también se le atribuyeron a Cristo, y esto refleja el carácter desafiante de la emergente fe cristiana.

En esta clase de gobierno, netamente jerárquico, los países ocupados pasaban a ser provincias administradas por Roma y podían ser de tipo senatorial (administradas por el senado) o imperial (el emperador mantenía el control a través de delegados nombrados directamente por él). El emperador podía autorizar y reconocer la creación de asambleas locales para que dirigieran los asuntos de cada provincia, pero siempre y cuando se protegieran los intereses económicos de Roma y se mantuviera la paz.

## b. Una larga historia de ocupación y dominación extranjeras

Tal como las Escrituras Hebreas y otras fuentes lo atestiguan, vivir bajo el dominio de un imperio extranjero no fue nuevo para los judíos. Al menos durante los últimos ochocientos años antes de Cristo, la historia del mundo conocido en aquel entonces había estado llena de ambición, luchas sangrientas por el poder, invasiones, conquistas y colonización. Los países pequeños y grupos étnicos minoritarios rara vez podían regir su propio destino, ya que la libertad era don y privilegio del más fuerte; siempre hubo un imperio que explotó y subyugó a los pueblos más débiles. Esta realidad no cambió con el arribo y expansión de la nueva fe cristiana.

El período de los patriarcas estuvo marcado por luchas entre clanes y grupos étnicos (±1900 a.C.), para sobrevivir y mantener la autonomía de sus familias. La opresión de los hebreos a manos de los egipcios y la salida de la esclavitud bajo el liderazgo de Moisés (±1300 a.C.) fueron el antecedente para la formación de Israel. La joven confederación de tribus recién llegada a Canaán tuvo que luchar con los pueblos que la habitaban para establecerse y permanecer en «la tierra prometida» (1250 a.C.). Bajo el liderazgo de los reyes Saúl, David y Salomón los hebreos estuvieron involucrados en guerras con naciones vecinas de forma consecutiva (1000-930 a.C.). Tiempo después de la división del reino en Israel (norte) y Judá (sur), éstos fueron destruidos y ocupados por los imperios asirio (721 a.C.) y caldeo o babilónico (585 a.C.) respectivamente. Muchos judíos fueron forzados a vivir fuera de su patria como esclavos hasta la victoria de los persas. Una vez que los persas asumieron el poder, el rey Ciro autorizó el retorno de los judíos a su tierra natal para reconstruir el Templo (539 a.C.).

El gobierno persa también tuvo su final, y fue sustituido por el imperio griego. Alejandro Magno (332 a.C.), en su campaña para divulgar e imponer la cultura griega en el mundo conocido, sometió a los judíos a un proceso de aculturación que duraría hasta más allá de la época del NT. Luego de la muerte de Alejandro, los ptolomeos en Egipto (323-198 a.C.) y los seléucidas en Siria, (198-167 a.C.) llegaron al poder y solidificaron el proceso de helenización. Aunque el NT no registra estos acontecimientos, el pueblo hebreo sí estaba al tanto de esta trágica historia y añoraba el advenimiento de un Mesías liberador que por fin traería un reino de paz.

### c. Inculturación y transculturación forzada

Como hemos visto, la historia detrás del NT habla de conquista y colonización por las potencias guerreras de aquel entonces y fue muy cambiante. La cultura griega, sin embargo, sobresalió por encima de las demás, ejerció una poderosa influencia y dejó un legado enorme para y en los pueblos del orbe, incluso después de desaparecer como imperio mundial. La helenización fue el proceso por medio del cual los griegos se dieron a la tarea de imponer poco a poco su estilo de vida, economía, religión, arte, literatura, ética, lengua y, sobre todo, su poderío político. Este proceso comenzó de forma sistemática con Alejandro Magno, líder de los Macedonios, se reforzó bajo las dinastías de los ptolomeos (en Egipto) y los seléucidas (en Siria) luego de la muerte de Alejandro, y culminó con la conquista del oriente por los romanos. La fundación de ciudades griegas fue de vital importancia para este proceso de inculturación.

Estrictamente hablando, la helenización comenzó mucho antes de Alejandro. Inmigrantes griegos ya habían establecido colonias en varias regiones del norte de África, Siria y Asia Menor, que crearon las condiciones necesarias para que años más tarde se diera la helenización. Por otra parte, muchas de las regiones que ya contaban con la presencia e influencia griega —como los egipcios y los romanos— se habían abierto a ese estilo de vida y hasta se atrevieron a promoverlo. Otros, resignados, optaron por soportar la imposición helénica. La cultura griega no sólo influyó a gran parte del mundo en aquel entonces conocido por más de ochocientos años, también supo asimilar aspectos culturales de algunos de los pueblos que conquistó, especialmente de Egipto. En ese sentido, y de cierta manera, los griegos fueron «orientalizados». El encuentro entre la cultura griega y las de oriente resultó en un sincretismo, que especialmente se nota en el área de la religión.

### d. La independencia relativa de Israel

Aunque no por mucho tiempo, la rebelión de los Macabeos contra los griegos interrumpió esta historia de dominación extranjera (167-164 a.C.) y dio un respiro al pueblo (167-63 a.C.). Después de la caída de la monarquía clásica (representada por Saúl, David y Salomón), en realidad no hubo otro período en la historia en que Israel gozara de autonomía política como relativamente ocurrió con los Macabeos y sus descendientes. Antíoco Epífanes IV, rey de Siria y representante de los seléucidas (175-164 a.C.), quiso destruir la religión judía, eliminar la observancia de la ley e imponer a la fuerza la cultura griega en el pueblo. Puesto que la violencia casi siempre engendra violencia, esta acción causó gran malestar entre el pueblo y originó la rebelión armada encabezada por Judas Macabeo. El éxito de esta rebelión los llevó al poder y al establecimiento de una dinastía de reyes y sacerdotes que duraría más de cien años. Judas y sus descendientes tomaron control de la nación y le dieron cierta independencia política y religiosa.

La dinastía sacerdotal de los Asmoneos, descendientes de los Macabeos, preservó la relativa independencia en Israel (142-63 a.C.). Esto se logró a partir de convenios y capitulaciones con dos de los grupos helenistas más importantes: los ptolomeos (en Egipto) y los seléucidas (en Siria). Durante todo el tiempo que los judíos estuvieron en el poder, Palestina se convirtió en zona de disputa para esos gobernantes. Sin embargo, cuando Pompeyo sitió y tomó Jerusalén (63 a.C.), Palestina quedó bajo dominio extranjero, esta vez de Roma, y con ello terminó el dominio griego. Así, una vez más, el pueblo hebreo fue subyugado.

### e. Palestina: extensión del gobierno romano y dividida políticamente

Por disposición de Roma, la tierra de los hebreos fue dividida no sólo política y geográficamente, sino también en enclaves culturales, étnicos y religiosos. Antes del nacimiento de Jesús, Herodes «el Grande» había gobernado la región de Palestina por unas cuantas décadas. Tras su muerte en el 4 d.C., el país fue repartido entre tres de sus hijos y una hermana de Herodes. A partir de entonces la dinastía herodiana tomó las riendas políticas de Palestina. Jesús, los apóstoles y la iglesia tuvieron que tratar con estos gobernantes en diversos momentos.

Luego de que a Arquelao se le otorgó el título de «etnarca» (4-6 d.C. Lc 19:12-27), con ello también se le cedió el control de las regiones al oeste del río Jordán: Samaria, Judea e Idumea. Al regresar de su exilio en Egipto, la familia de Jesús tuvo miedo de volver a Judea porque Arquelao estaba en el poder; así que decidieron ir a residir al norte en Galilea (Mt 2:22). Sabemos que Arquelao fue un mal administrador y, debido a su incompetencia, fue depuesto y reemplazado por un funcionario romano del orden ecuestre en el año 6 d.C.

Un hermano de Arquelao, Herodes Antipas (Mt 14; Mc 6; Lc 3, 8, 23; Hch 4:27; 13:1), fue nombrado «tetrarca» de dos regiones: una al oeste del mar del mismo nombre, Galilea, y Perea, ubicada al sureste del Jordán (4-39 d.C). Tanto el ministerio de Jesús como el de Juan el Bautista se desarrollaron durante el período de este gobernante. Sabemos que Juan denunció públicamente el adulterio y otras atrocidades cometidas por este rey (Lc 3:19), así que Herodes lo encarceló y luego mandó decapitar por petición de Herodías (Mt 14:1-12). Este monarca vio a Jesús como una amenaza —Jesús lo llamó «zorra»— y quiso deshacerse de él (Lc 9:7-9; 13:31), pero el Mesías ignoró sus amenazas (Lc 13:32). Curiosamente, Juana, la esposa de Chuza, el administrador de Herodes, apoyó el ministerio de Jesús (Lc 8:3). Durante el juicio de Jesús, aunque lo encontró inocente, Herodes Antipas se burló de él y lo hizo azotar (Lc 23:11). Posteriormente en uno de sus sermones Pedro haría responsables a Herodes Antipas y Poncio Pilato de la muerte de Jesús (Hch 4:27).

A pesar de su crueldad, Herodes Antipas se mantuvo en el poder hasta que en el año 39 d.C., el emperador Calígula lo exilió y le dio ese reino a Herodes Agripa I, nieto de Herodes «el Grande», aunque duraría poco tiempo (41-44 d.C.). Más tarde el emperador Claudio concedería a Herodes Agripa I el control de Judea y Samaria y su reino sería tan extenso como el de Herodes «el Grande». Siguiendo las pisadas de su antecesor, Herodes Agripa I maltrató y puso a muchos cristianos en la cárcel. También autorizó la muerte de Santiago y trató de hacer lo mismo con Pedro, pero éste escapó por intervención divina (Hch 12:1-19). La tradición cristiana afirma que Herodes Agripa I murió comido por gusanos (Hch 12:20-25). En el año 53 d.C., el emperador Claudio otorgó la administración de Calcis a Herodes Agripa II, hijo de Agripa I. Un año más tarde Nerón le dio dos tercios de Perea y la mitad de la parte baja de Galilea: Tiberias y Tarichae. Fue ante este Herodes que Pablo compareció para defenderse de las acusaciones en su contra (Hch 25:13-26:32).

Felipe I fue otro de los beneficiarios del repartimiento de la tierra de los judíos luego de la muerte de Herodes «el Grande». También a él se le dio el título de «etnarca» y tuvo bajo su cargo cuatro regiones al noreste de Palestina: Decápolis, Gaulanitis, Batanaea y Traconitis (4-34 d.C.). La mujer de Felipe, Herodías, vivía en adulterio con Herodes Antipas. Cuando Juan el Bautista denunció este pecado, le costó la vida (Mt 14:3; Mc 6:17; Lc 3:1, 19). Luego de la muerte de Felipe en el 34 d.C., el área bajo su cuidado pasó directamente a manos de la administración romana por poco más de tres años (34-37 d.C.). En el 37 d.C. Herodes Agripa I asumió el gobierno sobre la tetrarquía de Felipe además de la región de Calcis. A la par de esta concesión, el emperador Calígula, con quien había crecido en Roma, le confirió el título de «rey». Por otro lado, a Salomé, hermana de Herodes «el Grande» y esposa de

Felipe II (Mt 14:6ss; Mc 6:22ss), se le dieron las ciudades de Jamnia, Azoto y Phasaelis en el valle del río Jordán para que las administrara.

Otros gobernantes controlaron Palestina además de la dinastía herodiana. Por ejemplo, Poncio Pilato fue nombrado procurador de Judea (26-36 d.C.), y por su mandato Jesús fue sentenciado a muerte (Mt 27:15-31; Mc 15:6-20; Lc 23:13-25; Jn 18:38—19:16). Pablo compareció ante el gobernador Félix (52-59 d.C.) antes de ir a Roma para defender su caso frente al César (Hch 23:23-25:12). También está Aretas IV, monarca del reino árabe de Nabatea (9 a.C. – 40 d.C.), de quien Pablo escapó ileso gracias a la ayuda de algunos cristianos (Hch 9:23-25; 2 Co 11:32-33).

## f. Un mundo de seguridad, prosperidad y estabilidad social

Comenzando con Augusto César, al final del período de la República, a toda costa Roma se esforzó por crear un ambiente de relativa unidad, armonía y progreso social, que prevaleció durante la época del NT. Jesús, sus apóstoles y la iglesia cristiana primitiva fueron parte de esta realidad y se beneficiaron de ella (Mt 10:34; Lc 2:14; Jn 14:27; Hch 24:2; Ef 6:15; 1 Ts 5:3; 1 Ti 2:1-12; Ap 6:4). A esta política imperial se le conoce como *pax romana*.

Varios factores contribuyeron para mantener esta *pax* en los países subyugados. Primero, existía un gobierno centralizado en Roma y el emperador personificaba al estado e imperio. Este gobierno se extendía geográfica y administrativamente a todos los pueblos dominados, que incluían a Palestina, las regiones visitadas por Pablo y las iglesias a las que Pedro escribe. Por ello el gobierno en las provincias imperiales y senatoriales se convirtió en una réplica en miniatura del gobierno en Roma. Segundo, debido al proceso de helenización —dirigido por Alejandro Magno— ya existía una especie de «cultura mundial» a la que nobles y plebeyos por igual se conformaban y que daba cierta cohesión al imperio. Tercero, los residentes de Roma y los súbditos del imperio estaban unidos por el uso del griego *koiné*, una lengua que facilitó el comercio internacional y la comunicación entre los pueblos. Los predicadores del evangelio y escritores del NT hicieron buen uso de este recurso. Cuarto, como nunca antes en la historia de la humanidad, la construcción de vías de comunicación acortó la distancia e hizo posible una relación más estrecha entre los pueblos de las diferentes regiones. Los evangelistas itinerantes (entre ellos, Pablo), aprovecharon estas carreteras para sus muchos viajes misioneros. Quinto, gracias a las conquistas y el poderío militar romano los conflictos bélicos con imperios vecinos se redujeron. Las naciones pequeñas, que por muchos años estuvieron en medio de las guerras entre naciones más fuertes, de pronto pudieron respirar paz y tranquilidad por un período largo (aunque les costó sufrimiento y explotación a manos del nuevo imperio), y el mar Mediterráneo se vio libre de piratas debido a la presencia de flotas del imperio. Sexto, los romanos adoptaron políticas administrativas que minimizaron la desobediencia civil y mantuvieron a los pueblos relativamente contentos. Por ejemplo, a cada pueblo se le permitió tener sus propias leyes y costumbres, se emitieron edictos que protegieron la libertad religiosa, y se concedió autonomía política a algunos pueblos (los judíos entre ellos). Aunque algunos pueblos conservaron a sus propios gobernantes, siempre estuvieron sometidos a Roma a quien pagaban impuestos.

Este «bienestar» social se logró a un alto precio, pues quien se encuentra en el poder rara vez otorga un bien al que está abajo por mero altruismo, o por respeto a la dignidad humana o aprecio por los valores. Los factores mencionados no sólo ayudaron a facilitar el comercio y las relaciones entre pueblos. También fortalecieron al imperio y la nobleza se enriqueció gracias a políticas tributarias bastante estrictas. Por consecuencia, los campesinos, obreros y esclavos se empobrecieron todavía más.

## g. Clérigos y nobles al servicio del imperio

¿Cómo hacía Roma para gobernar a los pueblos bajo su dominio? Básicamente dependía de burocracias servidas por miembros de la nobleza romana o líderes locales nombrados para servir en esas naciones. Estos «gobiernos locales» se encargaban de regir asuntos internos y de poca trascendencia, y siempre de tal modo que no mermaran la autoridad de Roma sobre ellos. Además, los líderes de las naciones conquistadas eran colocados y depuestos al antojo del emperador. Por eso, en muchos sentidos se puede decir que solamente servían como títeres de las políticas del imperio. Palestina fue un claro ejemplo de ello. Es decir, Roma dominaba a la población por medio de la clase sacerdotal (integrada por los fariseos y los saduceos), los terratenientes y los miembros de la nobleza local. Como ya lo dijimos antes, esta región fue dividida para poder administrarla mejor y minimizar las revueltas. Los herodianos —partidarios políticos de la dinastía de Herodes (Mt 22:16; Mc 3:6; 12:13)— fueron un grupo clave para defender los intereses de Roma, y los cobradores de impuestos (publicanos) también respaldaron a la burocracia.

Aunque hubo excepciones, prácticamente la iglesia siguió el mismo tono conservador que el resto de la sociedad bajo el dominio romano. Los líderes cristianos exigieron que se obedeciera a las autoridades, se pagaran impuestos, se orara a favor de quienes detentaban el poder y que los creyentes se comportaran como «buenos ciudadanos» a fin de no «manchar» la reputación cristiana ante la sociedad (Mc 12:17; Ro 13:1-6; 1 Ti 2:1-12; 6:1-2; 1 P 2:11-3:7). Irónicamente, los romanos y las autoridades locales oprimieron y persiguieron a los cristianos por su creencia en «otro» Rey y Señor. Aunque Jesús pagó impuestos (Mc 12:17), por lo general criticó el poderío romano, las actitudes de algunos de los gobernantes y el sistema jerárquico de patrón-cliente que promovían (Mc 5:1-13; Lc 13:31-32; 22:24-27). Además, Jesús fue acusado de sublevación contra el imperio (Lc 23:2, 14) y no de faltas religiosas. Sus discípulos tuvieron un destino similar: fueron encarcelados, torturados y ajusticiados por causa de su fe en él. Pablo fue uno de ellos (Hch 16:22-24; 17:1-9; 21:27-32; 28:16; 2 Co 6:3-10; 11:16-33).

En el momento de decidir entre dar su lealtad a las autoridades o ser fieles a Jesús, servir al Mesías fue su prioridad (Hch 4:19-20; 1 Co 8:5-6), porque Cristo era el «Rey de reyes y Señor de señores» (Ap 17:14). Es desde este marco ideológico que el escritor de Apocalipsis condena abiertamente toda autoridad temporal —especialmente la de Roma— por su abuso del poder en contra los cristianos. La esperanza es que Dios y su Cristo habrán de vencer al final de la historia.

## h. Resentimiento, insurrección y lucha por la libertad

Como en toda realidad de opresión y colonización, los pueblos dominados no se someten a la ocupación y el control extranjeros para siempre. Palestina no fue la excepción, y se levantó en contra de quienes quisieron oprimirlos y negarles sus derechos. Sin embargo, durante el tiempo del NT estos levantamientos parecen haber sido esporádicos, de baja intensidad y, a la larga, poco exitosos pues el ejército imperial siempre los aplacó. En medio de las luchas entre quienes querían la libertad y quienes la negaban, los líderes cristianos y las iglesias parecen haberse mantenido al margen dejándolo a la «justicia divina».

Según el historiador judío (pro-romano) Flavio Josefo, hubo algunos movimientos armados de liberación en diferentes momentos y áreas de Palestina, y particularmente dirigidos por personas con convicciones mesiánicas y nacionalistas. Por ejemplo, durante el reinado de Herodes «el Grande» hubo varias revueltas. La primera ocurrió en Galilea a principios del reinado de Herodes y fue encabezada por Judas, hijo de Ezequías. Un esclavo del rey llamado Simón, dirigió otra en la zona de Perea. La última la encabezó un pastor llamado Atronges en la región de Judea, luego de la muerte de Herodes. En el año 6 d.C. Judas el galileo o el gaulanita, que era líder de «la cuarta filosofía» o de «los zelotas», se alzó en armas contra los romanos debido a un censo realizado bajo el gobernador Quirino. A finales del mandato de Pilato en el 34-35 d.C., un grupo de samaritanos se alzó sólo para ser aplastado por el ejército de Pilato. Cuando Cuspio Fado fue procurador de la región de Judea (44-45 d.C.), un tal Teudas se declaró profeta y persuadió a muchos para que lo siguieran, pero su revuelta fue suprimida inmediatamente. Durante el gobierno del procurador Antonio Félix, en los años 53-55 d.C., Eleazar y un egipcio encabezaron otras rebeliones. El maestro Gamaliel nos recuerda de Teudas y Judas (Hch 5:34-39). Entre los doce apóstoles, uno de ellos aparentemente militó en uno de estos grupos: Simón el cananita o el zelote (Mt 10:4; Mc 3:18; Lc 6:15).

En la década de los sesenta la agitación revolucionaria se intensificó pues proliferaron las actividades de los bandoleros, los profetas populares, los sicarios y los zelotas. Lamentablemente, esta agitación resultó en uno de los hechos de resistencia más fuertes del pueblo judío, el sitio de la fortaleza de Masada, y la destrucción de Jerusalén y el templo a manos del general romano Tito, en el 70 d.C. Así pues, las fuerzas extranjeras fueron avasalladoras para quienes deseaban vivir en libertad. Quizá esto explica por qué muchos prefirieron acatar la autoridad de los gobernantes y hacer los cambios posibles dentro del marco de lo menos riesgoso.

## 3. *Escenario socio-económico*

Hablar de quienes detentaban el poder y la forma en que lo utilizaron para guiar el destino de los pueblos, también requiere hablar de la producción, distribución y consumo de «bienes». Esto implica tratar el asunto de la riqueza, del grupo que la manejaba y de quiénes y en qué medida se beneficiaban. En tiempos del NT la economía fue una fuerza que posibilitó la interdependencia de muchas de las esferas de la vida: la historia, la cultura, la religión.

### a. Economía agropecuaria y de sustento básico

En la antigüedad la economía era relativamente informal, simple y limitada. Giraba en torno a lo necesario para vivir. No existía la iniciativa, la estructura social, los recursos, la mentalidad innovadora y la infraestructura para diversificar la producción, la distribución y el consumo de bienes, como se hace actualmente. Para su manutención la población del mundo grecorromano dependía de la agricultura, la cría de animales, la manufactura y el comercio local e internacional. En sociedades más desarrolladas como las de Grecia y Roma, se desarrolló la minería y la industria textil. Contrario al día de hoy donde la riqueza se mide en función de capital y grandes inversiones, en aquellos días la riqueza se medía por la posesión y la administración de tierras y los frutos que se obtenían de las actividades que se realizaban en ellas. La economía era esencialmente agraria, lo mismo que la forma de pensar. Podemos entrever algunos destellos de esta forma de vida en los evangelios, sobre todo en los ejemplos e historias contadas por Jesús (Mt 13:1-34; 18:10-14; Mc 12:1-12; Lc 6:43-45; 15:11-32; Jn 10:1-21).

### b. Comercio popular pero controlado por unos pocos

Si bien muchos campesinos y artesanos se dedicaban al transporte y la venta de sus productos, el mercado nacional e internacional estuvo restringido y controlado por la nobleza imperial y de las naciones que estaban bajo su control. Las transacciones comerciales eran más verticales debido a que las prácticas económicas de los terratenientes, respaldadas por las políticas gubernamentales, privilegiaban sus intereses económicos y fortalecían la posición de las cúpulas. La «ganancia» que producía el excedente iba a dar a sus manos, mientras que a los labradores y artesanos su trabajo apenas les daba lo suficiente para satisfacer sus necesidades básicas y mantenerse vivos. Es decir, en realidad las elites monopolizaban los bienes (como sigue ocurriendo en muchos países hoy día, ya sea en las sociedades del llamado «tercer mundo», o en los grupos minoritarios que se encuentran en los países desarrollados).

### c. Opresión y explotación de las masas

El progreso de la sociedad y economía del mundo grecorromano estuvo basado en una política esclavista: en la explotación de los campesinos, los jornaleros, los artesanos y los esclavos. El «trabajo forzado» y «mano de obra barata» fueron claves para ello. El sistema simplemente aprovechó (y abusó de) la capacidad productiva de la clase baja. La mayor parte de los beneficios por la explotación de los recursos naturales, materiales y económicos iba a los bolsillos de los poderosos terratenientes, los políticos, la nobleza y algunos líderes religiosos. Los campesinos, en cambio, se quedaban con las «migajas»; apenas ganaban lo suficiente para sobrevivir o estaban sumidos en la pobreza. Muchos textos del NT nos presentan esta dura realidad.

Aunque es cierto que la fe cristiana abrió algunos espacios para que eventualmente se dieran mejoras sociales (especialmente en cuanto al tratamiento más humano de los esclavos y su libertad), la institución de la esclavitud fue «bendecida» por omisión, es decir, por no hablarse sobre ella o condenarla abiertamete (1 Co 7:21-22; Ef 6:5-9; Col 3:22-4:1; Flm; Tit 2:9-10; 1 P 2:18-25). Por otra parte, Jesús, Juan el Bautista, Pablo y Santiago denunciaron los abusos cometidos en contra de los menesterosos y promovieron ampliamente la beneficencia (Lc 1:46-56; 3:10-14; 6:17-26; 14:1-24; 16:19-31; 18:18-30; Stg 1:9-11, 26-27; 2:1-13, 15-17; 4:13-17; 5:1-6).

### d. Políticas tributarias

Para seguir funcionando y sufragar los gastos de su enorme burocracia, los romanos se valieron de varios mecanismos para asegurar el fortalecimiento del imperio y mantener a las naciones en estado de dominación económica. Para lograrlo el imperio alquilaba propiedades, expropiaba tierras o posesiones por deudas o como fruto de invasiones militares, recibía donaciones de benefactores o pueblos conquistados, tenía la mano de obra de los no-ciudadanos, de las naciones sometidas y de los esclavos y, sobre todo, se valía de los impuestos aplicados al producto de la tierra, los proyectos de construcción, la venta de animales, el transporte de mercancía y los viajes (Mt 9:9; 17:25; Mc 12:14; Lc 23:2; Ro 13:6-7). Por ejemplo, en Palestina había cobradores de impuestos, llamados publicanos, al servicio del imperio (Mt 10:3; Lc 18:10-11, 13; 19:2), que eran vistos como «traidores» (Mt 5:46; 9:10-11; Mc 2:16). Para los judíos, además de todo lo ordenado por el imperio, había que añadir lo que daban para apoyar al Templo y el ministerio de los sacerdotes en Jerusalén (Mt 17:24-27).

### e. Un sistema piramidal de clases sociales

La sociedad romana estaba altamente estratificada. Y en aquel tiempo la sociedad se dividía en dos grupos principales: los ricos-nobles y los pobres-campesinos. La clase media prácticamente no existía. La población del NT, tanto en Roma como en los países ocupados, estaba organizada en forma de pirámide:

**Clases sociales en la sociedad grecorromana**

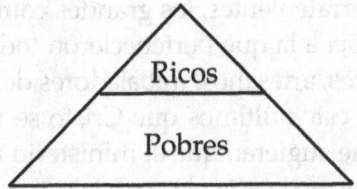

Los ricos, conformados por la elite o aristocracia urbana, eran una minoría y estaban en la parte más alta de la pirámide. En Roma este sector estaba representado por dos grupos: 1) El orden *senatorial*, al que pertenecían el César, su familia y los senadores (los únicos que calificaban para altos cargos políticos y religiosos). 2) El orden *ecuestre* al que pertenecían los líderes militares, los caballeros, los intelectuales, los jueces, los líderes religiosos y los encargados de administrar los asuntos del imperio. Ambos grupos detentaban el poder y disfrutaban de la mayor parte de los beneficios económicos. Es posible que funcionarios como Poncio Pilato, Félix y Festo hayan pertenecido al orden ecuestre (Hch 23-25; cf. Stg 2:1-2); mientras que Cirenio tal vez perteneció al orden senatorial (Lc 2:2). Con el paso de los años, la brecha social que separaba a estas clases sociales se agrandó más y más. Los ricos se hacían más ricos, y los pobres más pobres.

En la base de la pirámide se encontraba la clase trabajadora, urbana o rural. A este sector pertenecían las mujeres y hombres que tenían lo suficiente para sobrevivir o vivían en pobreza crítica o extrema, y estaba compuesto por mercaderes, campesinos, artesanos, «libertos», esclavos y mendigos. El NT reconoce la existencia de ricos y pobres y la radical disparidad que había entre ellos (Mt 19:16-29; 27:57; Mc 12:42-43; 14:5-7; Lc 6:20, 24-26; 16:19-31; Jn 12:5-6; Ro 15:26; Ap 6:15); también reconoce el «poder» de seducción que tiene el dinero y advierte sobre el peligro de desear tener más (Mt 6:19-24; Mc 4:19; 1 Ti 6:10; Ap 3:14-22). Jesús y la gran mayoría de los primeros cristianos pertenecieron a la clase baja (1 Co 1:26-29; 1 Ti 6:3-10, 17-19). Cuando el movimiento se extendió, especialmente en contextos urbanos, unos pocos ricos fueron miembros en las iglesias (Hch 13:1; 17:34; 19:9; 28:7-10; Ro 16:23b; Col 4:14; 2 Ti 4:20; Flm 24). Y con ello, de cierta manera, la iglesia cristiana fue un reflejo de la sociedad de aquel entonces.

La estructura social de los países dominados fue una copia de la imperial, aunque en menor escala. Tal fue el caso de Palestina donde existió una clase aristocrática conformada por los gobernadores, las familias nobles, los terratenientes, los grandes comerciantes y los religiosos; y una clase baja a la que pertenecieron todos los marginados: pequeños comerciantes, artesanos, trabajadores del campo, esclavos y mendigos; y fue con estos últimos que Cristo se identificó. También existen evidencias que sugieren que el ministerio urbano de Pablo se desarrolló entre personas de esta clase social.

## f. Herencia de imperios anteriores

La estructura socio-económica ya esbozada no ocurrió de la noche a la mañana, ni tampoco fue un simple invento de los romanos. En realidad se originó unos cuatrocientos años antes de Cristo con el imperio helenista. La prosperidad de los griegos se logró con base en invasiones, control de naciones más débiles, confiscación de bienes, comercio, agobiantes políticas tributarias, fraude y extorsión. La aristocracia aprovechó y manipuló la capacidad productiva de sus súbditos de tal forma que la mayor parte de los beneficios enriqueció y fortaleció a unos pocos. Para cuando los romanos llegaron al poder, ya existía tanto la ideología opresiva como la estructura explotadora que aprovecharon al máximo. Así que los romanos heredaron de sus predecesores no sólo «la cultura», sino también el imperialismo que se reflejaba en el manejo de los recursos y la preservación de los rangos sociales. El emperador César Augusto hizo muy pocas modificaciones al sistema económico que imperaba en el mundo, así que el progreso social que propició «la paz romana» se fundamentó en la preservación y fortalecimiento de una estructura socio-económica injusta. Por eso es muy difícil diferenciar o separar la economía de Grecia de la de Roma. Un proceso similar se dio en Palestina. Cuando los hebreos dejaron de ser una confederación de tribus y adoptaron el sistema monárquico, este cambio contribuyó al empobrecimiento de los judíos que estaban en la base de la pirámide (ver 1 S 8:10-18).

## g. Posiciones sociales inalterables

La movilidad social hacia arriba en esta pirámide socio-económica fue casi imposible de acortar y mucho menos de eliminar. El sistema era tan cerrado y exclusivista que ni siquiera el trabajo duro o sacrificios personales garantizaban el éxito, así que muy pocos lograban salir del estado de pobreza y marginación. Sobre todo durante el primer siglo de la era cristiana la brecha entre ricos y los pobres se hizo más amplia con el paso del tiempo y las nuevas conquistas. Tratar de mejorar las condiciones de vida era una simple ilusión. Si ocurría alguna mejora, era debido a un «golpe de suerte», un talento o habilidades extraordinarias, un milagro, por «voluntad expresa de los dioses», por medios injustos o deshonestos, por una herencia recibida de algún patrón acaudalado o cualquier combinación de estos factores.

Por otro lado, sabemos que solamente por alguna tragedia natural, el curso inesperado de acontecimientos o por expropiación de bienes a manos de naciones extranjeras, era que los ricos podían caer de su estatus privilegiado. El sistema no permitía el ascenso social, en particular porque los ricos mantenían su posición privilegiada debido a sus inversiones, la explotación de los esclavos, campesinos y jornaleros, por el cobro de impuestos o expropiaciones, los préstamos con altos intereses y acciones semejantes.

## h. «Cada quien en su lugar»

La movilidad social también era casi imposible porque los ricos y los pobres habían crecido con la mentalidad de que cada persona debía permanecer en la posición donde estaba. Su «responsabilidad» era asociarse con personas de su mismo rango. Los conceptos de equidad y comportamiento apropiado se aplicaban sólo entre «iguales». La nobleza rica debía relacionarse con gente de su clase; los pobres con los pobres. De allí que tanto los miembros de la nobleza como del pueblo sostuvieran la idea de que cada clase social debía guardar su distancia, cuidar «el orden natural» de las cosas, asociarse con sus «iguales» y permanecer en sus «propios lugares». Por ser una cuestión de honor, la tendencia fue preservar, fortalecer y defender el estatus social, y mantener la separación para siempre. Jesús criticó fuertemente este modelo de organización social (Lc 14:1-24) y Pablo abogó por la igualdad entre los cristianos (Gl 3:26-29).

## i. Bienes limitados

Debido a esta visión del mundo en los tiempos bíblicos, la gente del pueblo crecía con la mentalidad de que los bienes en la vida eran limitados: vivienda, empleo, poder, educación, dinero, amistad, alimentos, ropa. Las oportunidades para obtener recursos materiales y económicos en verdad eran escasas. Las ofertas eran pocas, las grandes aspiraciones y posibilidades eran un camino completamente cuesta arriba. La población trabajaba muy duro para apenas sobrevivir y eran «felices» si podían cubrir sus necesidades básicas. De cierta manera existía una especie de marcado «pesimismo» o «conformismo» ante las condiciones que presentaba la vida.

Jesús vivió y enseñó a sus discípulos a vivir una vida sencilla (Mt 6:11, 25-30; 8:18-20; Mc 6:7-8; Lc 2:7, 24). El apóstol Pablo siguió ese ejemplo confiando plenamente en Dios (2 Co 9:6-15; Flp 4:13, 19), abogando por un estilo de vida modesto (Flp 4:11-13; 1 Ti 6:6-8; cf. Hch 20:34; 1 Co 9:4, 6), condenando actitudes que promovían lo opuesto (1 Co 5:11; 6:10; Ef 5:3; Col 3:5; 1 Ts 2:5): como el uso de la piedad como negocio (1 Ti 6:5), la ganancia deshonesta (1 Ti 3:8; Tit 1:7, 11), el lujo (1 Ti 2:9) y el amor al dinero (1 Ti 3:3; 6:9-10; 2 Ti 3:2). Vivir contento con los pocos bienes que se tenían al alcance parece haber sido una constante. Esto era parte de lo que significaba aceptar «el orden natural de las cosas».

## j. Relaciones «benefactor-beneficiario»

¿Qué se podía hacer en una sociedad donde había una radical diferencia entre los ricos y los pobres? ¿Qué mecanismos sociales existían para ayudar a los menos favorecidos y qué papel jugaba la elite privilegiada en ello? ¿Qué se hizo a favor de los desposeídos para satisfacer sus necesidades básicas de alimento, salud, techo y vestido? De vez en cuando algunos miembros con mejor posición realizaban convenios con personas de la clase baja, quienes para sobrevivir o mejorar sus condiciones de vida, se sometían a «patrones» o «matronas». Estos «benefactores» otorgaban diferentes servicios a sus «beneficiarios» o «clientes»: protección, préstamos, obsequios, arrendamiento de la tierra, dinero, y otros. A cambio de estos favores recibidos, los beneficiados debían sumisión, lealtad, honor, gratitud y respeto a quienes les habían tendido la mano.

A este tipo de relación contractual, que era común en la sociedad grecorromana, se le denominó «relaciones patrón-cliente» o «benefactor-beneficiario» (Lc 22:24-30). Este fue uno de los modos de interacción o reciprocidad social que existió en el mundo grecorromano. Otra fue el modelo de familia patriarcal, y ambos fueron centrales para la estabilidad y progreso sociales.

Este tipo de acuerdo fue mucho más común entre miembros de la clase social alta, entre «iguales». Por lo regular los miembros de la nobleza entraban en estos «pactos amistosos» para incrementar sus riquezas, intercambiar beneficios, fortalecer su reputación o asegurar su futuro en caso de que alguna tragedia les arrebatara sus propiedades y posición. Cuando una persona recibía favores de alguien con «mayor prestigio», la reputación del benefactor se fortalecía, lo mismo que la amistad. Si bien la posición de los participantes de estos acuerdos no era siempre de «iguales», los beneficios pretendían ser mutuos entre la nobleza o de ésta para con quienes pertenecían a otro estrato social más bajo. Es decir, se confería un bien a cambio de «honor público». Sin embargo, este tipo de reciprocidad no alteraba la posición social de nadie; más bien reforzaba las relaciones de subordinación.

En el NT vemos destellos de este tipo de acuerdos. Por ejemplo, la relación entre los terratenientes y los propietarios ricos (Mt 21:33-41; Mc 12:1-9; Lc 20:9-16) y la existente entre los ricos y los pobres invitados a los banquetes (Lc 12:35-38; 14:12-24; 17:7-10; 18:2-5). Jesús también recibió el respaldo de mujeres devotas (Lc 8:1-3). Por su lado, Pablo aprovechó personalmente, y para el desarrollo del ministerio cristiano, el apoyo que le dieron matronas y patrones cristianos (Hch 17:4, 12), por ejemplo: Febe (Ro 16:1-2), Aquila y Priscila (Ro 16:3; 1 Co 16:19), Gayo (Ro 16:23; 3 Jn), Ninfas (Col 4:15), Filemón (Flm 1-25), la familia de Cloé (1 Co 1:11) y la de la casa del César (Flp 4:22).

## k. La caridad y la justicia

Además de los contratos patrón-cliente, los pobres dependían de la bondad de las demás personas, aunque por lo general socorrer a los menesterosos fue el principio y conducta de la iniciativa privada. En Grecia y Roma, por ejemplo, había pocas leyes e instituciones para atender de forma compasiva y sistemática las necesidades de los campesinos, los trabajadores o los mendigos. Durante el período de la República Romana existió una especie de fondo de ayuda pública que benefició a algunos pobres (la *annona* y la *sportula*). También existió una organización encargada de ayudar con los gastos de funerales a los pobres (*collegia tenuiorum*).

A pesar de ello, los llamados a la justicia fueron pocos, porque el sistema socio-político defendía principalmente los derechos de los ciudadanos. Esto era de esperarse en una sociedad jerárquica. Primero, debido a que el sistema estaba basado en las relaciones «patrón-cliente», dar algo sin recibir algo a cambio era una práctica insensata. Segundo, en este tipo de sociedad los pobres no tenían derechos que pudieran ser defraudados o abusados (por ejemplo, en las cortes los ricos no podían ser demandados por sus inferiores; y los «más honorables» recibían menos castigos que «los menos honorables»). Además, en el mundo grecorromano la pobreza no tuvo un significado religioso como sucedió en el judaísmo y el cristianismo. Tercero, la pobreza fue rechazada y criticada fuertemente. Por estas razones, el mundo antiguo careció de invitaciones a dejar todo para dárselo a los pobres, de instituciones o leyes para asistir a los necesitados, movimientos en defensa de los pobres o iniciativas para subvertir el sistema.

En los pueblos del antiguo medio oriente la realidad fue otra. Asistir a los necesitados tenía más respaldo de la infraestructura social, política y religiosa. En Israel, por ejemplo, la práctica de la caridad y la justicia formaba parte de la piedad y devoción a Dios. En la sinagoga central de Alejandría, en Egipto, hubo lugares designados donde los pobres se reunían para buscar trabajo y apoyarse mutuamente. Los judíos contaban con un esquema jurídico-religioso que ordenaba y sancionaba positivamente tanto la ayuda al prójimo como la defensa de los derechos del desvalido. La Ley Mosaica fue clara en cuanto a la ayuda a los extranjeros, las viudas, los huérfanos y los pobres (ver Ex 22:22ss; Dt 26:19; Sal 68:5; Job 31:16-17; Is 1:17; Ez 22:7; Zac 7:10; Sir 4:10; 35:14). Dado que para Israel la religión no estaba separada de la ética ni de la política, es importante señalar que el alto concepto que los judíos tenían de Dios, y la manera en que la religión influía en sus decisiones morales, tuvo que ver con esta sensibilidad para con las necesidades del prójimo sufriente. La fe cristiana heredó del judaísmo clásico esta preocupación por los marginados y supo integrarla a su predicación y su ética evangélica (Lc 20:47; Hch 6:1; Stg 1:26-27; 1 Ti 5:3-16; cf. Epístola de Bernabé 20.2; Policarpo de Esmirna a los Filipenses 4.6; el Pastor de Hermas, Mandamientos 8.10; Justino, I Apología 67.7; Ignacio a los Esmirnenses 7.2).

## 4. Realidad cultural

La conservación, transmisión y difusión de los pensamientos, las creencias, los valores, las palabras y las acciones es lo que denominamos cultura. La cultura define al ser humano tanto en su visión del mundo como en los modos que se da a conocer por medio de sus acciones. Muchos de los rasgos de las culturas del mundo del NT aparecen en la superficie como la parte visible de un témpano de hielo, pero otros permanecen ocultos bajo el agua.

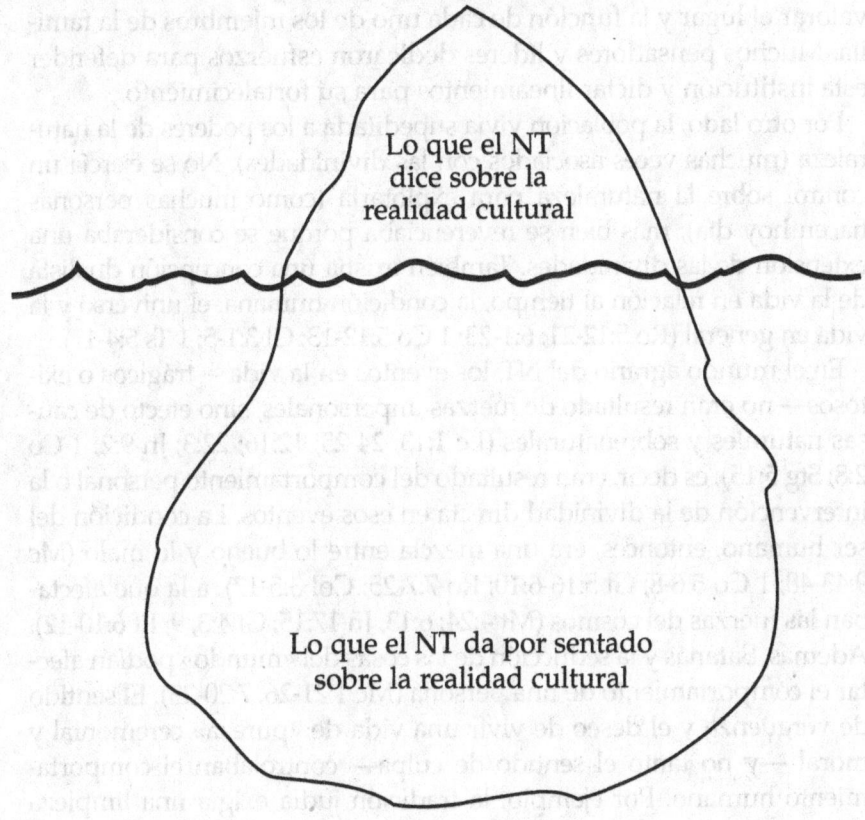

## a. Una sociedad agraria de cosmología pre-científica

Los escritores, los destinatarios y el resto de la población de la época de la iglesia cristiana primitiva formaron parte de lo que ahora los expertos llaman una sociedad pre-industrial, agraria avanzada. Esto quiere decir que la visión del mundo que tuvo la gente de aquel entonces fue básicamente pre-científica.

En en la antigüedad se le daba más valor «al ser» que «al hacer». Aquella era la cualidad más importante de cualquier individuo. Es decir, lo que los demás pensaban de uno era importante (Mt 16:13-20). Sin negar totalmente al individuo, los valores de grupo se colocaban por encima de los individuales; la estima e imagen personales giraban en torno a la comunidad; había un sentido de colectividad bien arraigado. La familia era la institución por excelencia en el mundo griego, romano y judío, por lo que ninguna cultura dejó de valorar el lugar y la función de cada uno de los miembros de la familia. Muchos pensadores y líderes dedicaron esfuerzos para defender esta institución y dictar lineamientos para su fortalecimiento.

Por otro lado, la población vivía supeditada a los poderes de la naturaleza (muchas veces asociados con las divinidades). No se ejercía un control sobre la naturaleza para explotarla (como muchas personas hacen hoy día); más bien se reverenciaba porque se consideraba una extensión de las divinidades. También existía una concepción dualista de la vida en relación al tiempo, la condición humana, el universo y la vida en general (Ro 5:12-21; 6:1-23; 1 Co 5:12-13; Gl 3:1-5; 1 Ts 5:4-11).

En el mundo agrario del NT, los eventos en la vida —trágicos o exitosos— no eran resultado de fuerzas impersonales, sino efecto de causas naturales y sobrenaturales (Lc 1:13, 24-25; 12:16; 22:3; Jn 9:2; 1 Co 2:8; Stg 5:15); es decir, eran resultado del comportamiento personal o la intervención de la divinidad directa en esos eventos. La condición del ser humano, entonces, era una mezcla entre lo bueno y lo malo (Mc 9:43-48; 1 Co 5:6-8; Gl 5:16-6:10; Ro 7:7-25; Col 3:5-17), a la que afectaban las fuerzas del cosmos (Mt 4:24; 6:13; Jn 17:15; Gl 4:3, 9; Ef 6:10-12). Además, Satanás y la seducción de las cosas del «mundo» podían afectar el comportamiento de una persona (Mc 1:21-26; 7:20-23). El sentido de vergüenza y el deseo de vivir una vida de «pureza» ceremonial y moral —y no tanto el sentido de culpa— controlaban el comportamiento humano. Por ejemplo, la tradición judía exigía una limpieza rigurosa del cuerpo, no sólo por razones higiénicas y climatológicas, sino también por razones de ética y de culto a Dios (Mt 8:1-4; Mc 7:1-23; Lc 6:1-5).

Por otro lado, los bienes físicos y monetarios en la vida muchas veces se obtenían gracias al amparo y benevolencia de patrones y matronas de posición social superior (Mt 8:5-13; Mc 9:14-28). También eran limitados y relativamente fijos. Enriquecerse se veía con sospecha y la gente se contentaba con lo que tenía (Mc 7:22; Lc 12:15; Ef 5:5; 1 Ti 3:3). No existía la igualdad de derechos y deberes ante la ley. Cada quien debía estar satisfecho con su posición en la vida y mantenerla (1 Co 7:17-24). Además, los antiguos estructuraban su conducta basados en una concepción deferente del tiempo. Estaban al tanto del pasado, ignoraban el futuro y actuaban en el presente (Hch 1:6-7; 1 Ts 4:13-5:11; 2 Ts 3:6-15). Durante la época del NT la gente tenía un alto respeto por los valores, creencias y costumbres del pasado. Era una sociedad que valoraba las tradiciones. Con frecuencia toda innovación se veía con sospecha y se rechazaba. Esto implicaba que, para muchos, la verdad se encontraba en la historia (a diferencia de nosotros, que tendemos a ignorar el pasado, vivir el presente y trabajar en función del mañana).

## b. Honor

Dentro de esta cultura pre-científica, muchos factores determinaban el estatus social y valor de las personas: tipo de ciudadanía, riqueza, educación, oficio, familia de origen, grupo étnico, y otros más. No obstante, el concepto de honor estaba por encima de todos los demás factores y criterios. Es decir, el valor e imagen de una persona se medía por lo que era en relación a su comunidad e historia. Y este factor determinaba la posición y función social de cada individuo, también su autoestima y reputación. El honor era más importante que el éxito, el poder o las riquezas. Ya fuera rica o pobre, una persona sin honor no podía sobrevivir, porque el honor era lo que le permitía relacionarse con sus superiores, iguales o inferiores. Es cierto que se nacía con cierto honor, pero éste también podía ser conferido por otros. Parte de la vida consistía en enfrentar los desafíos o pruebas para defender el honor y exigir respeto (Mt 8:12; Mc 6:1-4; Lc 4:16-30). Evitar la vergüenza era la motivación que llevaba a actuar. Por supuesto, pertenecer a una «buena estirpe» o a una «buena familia» fue parte de ese valor social. Y, aunque todo noble era rico, no todo rico era noble. Los habitantes de esta sociedad tenían conciencia de y valoraban su conexión con el grupo social al que pertenecían. Honrar a los otros, también honraba a quienes conferían dicho honor (Mt 15:4, 6, 8-9; 19:19; Jn 5:23; 12:26; Hch 28:10; 1 Ti 5:3; 1 P 2:17).

### c. Una cultura universal

Para cuando el NT fue escrito, el mundo conocido del occidente estaba relativamente unificado bajo una cultura mundial, al menos en la superficie. Si bien es cierto que especialmente los pueblos pequeños retuvieron su idiosincrasia y costumbres («culturas»), también es cierto que muchos habían asimilado las costumbres y prácticas griegas, ya fuera por decisión propia o porque no tuvieron otro remedio, ya que ésta era la cultura dominante. El proceso de helenización iniciado por Alejandro Magno, seguido por sus sucesores (ptolomeos y seléucidas) y reavivado por los romanos, fue todo un éxito. Ya fuera con los brazos abiertos, resquemores o resignación, tanto los judíos como los cristianos recibieron las oportunidades que el proceso de helenización les obsequió.

### d. Multiplicidad de razas y comunidades étnicas

Por encima del deseo de los griegos de crear una cultura mundial de corte helénico, la realidad era que antes, durante y después de su dominio existía una amplia variedad racial y étnica. Hubo muchísimas culturas locales. No podremos comprender bien el mundo del NT, la vida de Jesús y el ministerio de las iglesias en la sociedad grecorromana sin afirmar la presencia de esa multitud de pueblos.

La diversidad de culturas y las tensiones entre ellas fueron evidentes en Palestina. La misma división política —autorizada por Roma luego de la muerte de Herodes el Grande— sugiere la presencia de diversidad y las problemáticas de ahí surgidas. Los habitantes autóctonos de la región de Siria-Palestina fueron los cananeos o fenicios, que vivieron en la costa occidental del Mar Mediterráneo, en Fenicia (Lc 6:19; Hch 1:8; 11:19; 15:3; 21:2), y a quienes los judíos consideraron «paganos». Históricamente, sin embargo, los ancestros de los cananeos habían sido despojados de sus tierras y obligados a vivir fuera de ella cuando los israelitas conquistaron y ocuparon «la tierra prometida» (Jesús sanó al hijo de una mujer de este lugar. Ver Mt 15:21-28; Mc 7:26).

El gentilicio de *judío* designaba propiamente a los residentes de la zona de Judea (Mc 1:5; 3:7; Lc 6:17; Jn 7:1); aunque muchas veces también se usó *judíos* o *hebreos* para referirse al pueblo de Israel en general (Mt 28:15; Mc 15:26; Jn 5:1; Hch 2:14; Ro 1:16; 1 Co 1:22; Gl 2:13; Ap 2:9; (Hch 6:1; 2 Co 11:22; Flp 3:5). Los judíos se veían a sí mismos como herederos de la promesa de Dios y como el «verdadero» pueblo de Dios y, por lo tanto, consideraban a todos los otros pueblos y grupos como de «segunda categoría».

Los galileos, que estaban ubicados en la parte norte de Palestina, fueron discriminados por los judíos porque se habían contaminado (religiosamente) cuando se «mezclaron» con extranjeros (Lc 13:1-2; Jn 4:45; Hch 5:37; Jn 7:41, 52). Sin embargo, el NT nos revela que Jesús vivió, desarrolló la mayor parte de su ministerio y se identificó con los habitantes de esa región (Mt 4:12-25; 21:11; 26:69; Jn 4:45). Muchos de sus discípulos también fueron de allí (Mc 14:70; Hch 1:11; 2:7). La conquista de Samaria a manos de los asirios (721 a.C.) inició el supuesto proceso de «contaminación» (2 R 17:1-4) de los samaritanos. Debido a que tuvieron su propio templo en el Monte Gerizim, esperaban la venida de un Mesías como Moisés y sólo aceptaban el Pentateuco samaritano como única fuente de autoridad, fueron considerados «herejes», «impuros», y discriminados por los judíos (Mt 10:5; Jn 4:9, 39-40; 8:48). Jesús también se solidarizó con este grupo de marginados y restauró su imagen social (Lc 17:16; Jn 4:1-42). Al sureste de Judea, en la tierra de Idumea o Edom, estaban los idumeos a quienes los judíos no consideraban como hermanos, sino como «primos» desde el punto de vista cultural (Mc 3:8); aunque eran descendientes de Esaú (Gn 36:1).

### e. Etnocentrismo y segregación

La amplia variedad de grupos étnicos y clanes que formaban el mundo grecorromano trajo consigo tensiones sociales. En muchos casos se quiso excluir y discriminar a otras personas por el lugar o país donde habían nacido, por sus creencias o costumbres, y por otros elementos semejantes. La vida en aquella sociedad estaba marcada por el etnocentrismo. Por decisión propia, crianza, influencia de las estructuras sociales o una combinación de estos factores, en aquel entonces los seres humanos se agrupaban de acuerdo a intereses comunes. Una vez dentro de la agrupación, salir o entrar de ella resultaba difícil. El sentido de pertenencia y lealtad al grupo eran muy fuertes. Las fronteras sobre quién pertenecía o no a un cierto grupo eran claras y rígidas. La tendencia no sólo era mantener y reforzar las líneas de identidad, sino también la de marginar e incluso denigrar a quienes no pertenecían al grupo. Por ejemplo, y como ya hemos dicho, los habitantes de Judea discriminaban a galileos y samaritanos, vejaban a los gentiles (por «impuros» o «incircuncisos»), a los libres (por ser «ciudadanos romanos») a los esclavos, los griegos y los bárbaros (por «ignorantes»), a los escitas (considerados como los «ignorantes de los ignorantes»; Col 3:11; Ro 1:13-14; 1 Co 12:12-13; 15:28; Gl 3:26-29; Ef 2:11-22) y los cretenses (Ti 1:12-13). Los cristianos heredaron y hasta reforzaron muchas de estas actitudes (1 Co 5:1; 10:20; 12:2; 2 Co 11:26; Ef 4:17; Tit 1:12-13; Ap 11:2); el mismo Jesús utilizó estereotipos parecidos (Mt 5:20, 47; 6:7, 32; 18:17; Mc 10:33).

## f. Colonias judías fuera de Palestina

En muchas regiones del imperio romano vivió un gran y creciente número de judíos que pertenecían a la *diáspora* (dispersión = presencia de minorías judías en el mundo gentil). Este fenómeno se inició con las deportaciones que realizaron los asirios y babilonios en el 722 y 603-583 a.C, cuando conquistaron Palestina (ver Neh 1:9; Dn 12:7; Jn 7:35; 11:52; Hch 21:21). Así fue que muchos israelitas emigraron a tierras extrañas y vivieron esparcidos por todas partes; a fin de cuenta debemos recordar que había muchos grupos nómadas y los judíos no eran la excepción. Las persecuciones realizadas por los romanos y otros gobiernos locales incrementaron la presencia hebrea en el mundo gentil. Sabemos de numerosas comunidades judías en Alejandría, Roma y en ciudades de Asia y Grecia. En muchas de las ciudades que Pablo visitó durante sus viajes misioneros había presencia israelita (Hch 13:42-52; 14:1-7; 17:1, 10). A los judíos que residían fuera de Palestina se les llamó «helenistas».

Muchos anhelaban volver a la patria pero, para la mayoría, este sueño fue imposible de realizar. Otros, sin más opción, se resignaron a vivir en tierra extraña e integrarse a la cultura dominante de los países anfitriones, y algunas veces casi olvidaron por completo su cultura; en otras ocasiones, sin embargo, retuvieron y se arraigaron más fuertemente a la mayor parte de sus creencias y prácticas judías. Durante los días de fiesta, un buen número realizaba peregrinaciones para visitar Jerusalén (por ejemplo en Pentecostés, ver Hch 2:1-13). Por eso se cree que, para la época del NT, había más judíos viviendo fuera que dentro de la misma Palestina. Dado que el término *diáspora* implicaba desplazamiento con sufrimiento (Sal 147:2; Is 11:12; 16:3; 56:8; Neh 1:9), algunos líderes cristianos tomaron prestada tanto la palabra como el concepto y lo aplicaron al cristianismo. Fue así que se dirigieron a las comunidades religiosas cuya fe estaba siendo sometida a prueba (por ejemplo, ver Stg 1:1; 1 P 1:1; cf. Hch 5:36).

## g. La ciudad versus el campo

La población del mundo del NT se concentró en las urbes y las villas, y aunque dependían la una de la otra, la ciudad siempre se llevó la mejor parte. Es decir, la relación entre estos dos tipos de asentamientos fue asimétrica y esto provocó constantes tensiones. Mientras las ciudades eran centros de poder, las aldeas o villas eran conglomerados de gente marginada o de vida muy modesta. Vivir en la ciudad casi era sinónimo de una vida más cómoda.

Por lo general, ubicadas en áreas estratégicas como ríos, lagos o mares, carreteras o lugares estratégicos en contra de invasiones, las ciudades prácticamente tenían todo: servicios profesionales, cultura, educación, dinero, recursos materiales, templos, cortes judiciales, apartamentos, mercados, tiendas, entretenimiento, alimentos, protección, y mucho más. La clase alta de las ciudades vivía y disfrutaba de una vida placentera y de ocio, mientras que la clase baja batallaba para sobrevivir. En el centro de las ciudades las plazas cumplían una función mucho mayor que ser un simple mercado, porque allí los habitantes se reunían para participar de la vida social, política, religiosa, cultural y económica (Mt 11:16; 23:7; Mc 13:38; Hch 16:19; 17:17; Ap 11:8). Por el contrario, en las villas y los caseríos rurales residía la mayoría de la población grecorromana, y los artesanos, campesinos y pequeños comerciantes visitaban las ciudades para vender sus productos y comprar lo que no podían obtener en el campo. La economía, por tanto, era inestable, limitada e incierta. El desempleo, el subempleo y la pobreza eran comunes. Como regla, los campesinos trabajaban para ricos terratenientes y dependían de sus «favores». El NT nos revela que el contexto en el que Jesús y sus seguidores se desarrollaron principalmente fue rural, mientras que Pablo y otros apóstoles realizaron el suyo en centros urbanos.

## h. Educación

En el mundo grecorromano la mayor parte de la población carecía de educación. Muy pocos disfrutaban saber leer y escribir. El acceso a una buena educación era la prerrogativa de la clase alta. En muchos lugares se seguía el modelo ateniense y la instrucción se realizaba en las escuelas y gimnasios. Por el contrario, en el ámbito judío la educación se realizaba en el hogar y principalmente estaba a cargo de la madre. Bajo su tutela, los hijos estudiaban las Escrituras Hebreas, la geografía, la historia, y otras materias. Por lo regular, los varones normalmente seguían el mismo oficio de su padre. En la sinagoga los niños comenzaban a los 10 años de edad y estudiaban por 5 años aproximadamente.

Debido a que la mayor parte de la población era analfabeta, entonces la tradición oral era el método educativo. El folclore y la cultura se transmitían de generación a generación a través del lenguaje hablado, lo que hacía que el lenguaje escrito fuera secundario (quizá por el costo del material y lo incomodo que era usarlo y trasladarlo). Aunque las sociedades antiguas favorecían la tradición oral, también es cierto que, sobre todo en la clase alta, un sector se inclinaba por la producción literaria. Especialmente debido a expertos en diversas áreas, muchas de las obras literarias que a través de los siglos han influido en la cultura mundial fueron producto de pensadores romanos y griegos. Al principio, la iglesia cristiana principalmente se difundió y estuvo compuesta por iletrados.

## 5. Escenario filosófico

Durante el período helenista y romano, maestros y sabios creyeron haber encontrado «el secreto» que llevaba a la felicidad, presentaron una explicación racional sobre el cosmos, explicaron la naturaleza y propiedades del universo y propusieron el verdadero lugar y función de la vida humana. Se esforzaron por resolver muchos de los dilemas de la humanidad, e insistieron en la necesidad de despojarse de las pasiones y las falsas ideas que hacían miserables y conducían a la perdición a los seres humanos. En su amor por la verdad, el conocimiento y el bienestar de los demás, propusieron soluciones prácticas que permitieran a los seres humanos cultivar las virtudes morales y la sabiduría. A fin de propagar su mensaje, algunos de estos filósofos viajaron de ciudad en ciudad para reclutar nuevos prosélitos. Otros establecieron sus escuelas en ciudades importantes, como Atenas y Tarso, a las que principalmente asistieron jóvenes de familias aristocráticas para estudiar filosofía bajo la tutela de estos grandes maestros.

## a. Los grandes de Atenas

Los grupos y maestros filosóficos más importantes tuvieron su origen en figuras de la época clásica griega: Sócrates, Platón y Aristóteles. Con el fin de preservar, extender y perpetuar las enseñanzas de estos maestros, se crearon escuelas fieles a su pensamiento, pero a las que también se incorporaron elementos de otras tradiciones.

Sócrates (ca. 470-399 a.C.), oriundo de Atenas, dedicó su vida a la filosofía y ejerció una poderosa influencia en Platón y otros maestros. Aunque no se sabe a ciencia cierta que haya escrito algo, a través de su discípulo Platón ha ejercido una gran influencia en la filosofía y la ética occidental. Sócrates, cuya enseñanza fue principalmente oral, pasó una buena parte de su vida enseñando en lugares públicos e hizo hincapié en la centralidad de la justicia, el amor, la virtud y el auto-conocimiento. De esto último procede su énfasis en la famosa frase del oráculo de Delfos: «Conócete a ti mismo». Antes de Sócrates, la filosofía enfatizaba lo externo y lo estético. Para él, «la ignorancia» era la causa de los vicios morales. Por eso, según su filosofía, a través de la razón y del conocimiento las personas podían alcanzar el bien.

Platón (ca. 427-347 a.C.) nació en Atenas y fue discípulo de Sócrates. De acuerdo a Platón el mundo material es apenas una «sombra» del bien supremo o divino. Al mismo tiempo, nuestra percepción de las cosas es solamente un reflejo de aquella realidad superior que está más allá de lo material. Todo lo que existe y nos rodea en la tierra no es más que el producto de nuestras ideas y pensamientos. A su vez, puesto que lo divino guarda una estrecha relación con «el mundo de las ideas», entonces, para entrar en contacto con lo divino, los seres humanos necesitan hacer uso de la razón y abandonar el mundo de las percepciones. Puesto que el alma es eterna y pertenece a la esfera de lo divino, sólo el cuerpo muere. Dado que el alma está presa en el cuerpo, con la muerte es liberada para regresar a su verdadero hogar, es decir, las estrellas. Platón creía que el conocimiento era el principio de todo lo creado, así que entonces la sociedad perfecta sería la que estuviera gobernada por los filósofos.

Aristóteles (384-322 a.C.) fue discípulo de Platón, tutor de Alejandro Magno, y fundador de la escuela conocida como el *Lyceum* en Atenas (de donde viene nuestra palabra «liceo»). Este filósofo impartió muchas de sus enseñanzas mientras caminaba con sus alumnos por el jardín del Lyceum, y por eso a su escuela también se le llamó «la escuela peripatética» o «de los caminantes». La contribución de Aristóteles al conocimiento humano se dio en áreas como la astronomía, la biología, la metafísica, la concepción del ser humano, la lógica y la ética. Él decía que cada ser vivo tiene patrones de crecimiento que lo llevan a su total realización dentro de su propia especie, que existen diversas causas detrás de los eventos de la vida (causalidad), que el alma y el cuerpo son inseparables, que todos los seres humanos desean la felicidad y que ésta se puede lograr de varias maneras. También enseñó que la virtud es moral e intelectual, que la ciencia se basa en lógicas complejas y que existe un ser supremo responsable por la perfección y la armonía de la naturaleza.

## b. Escuelas de pensamiento

Durante el período de Alejandro Magno, tres grupos filosóficos sobresalieron en Grecia que trataron de proveer respuestas racionales al asunto de la existencia del ser humano: los epicúreos, los estoicos y los cínicos.

Los *epicúreos* fueron llamados así por su fundador, Epicuro (ca. 340-270 a.C.). Basados en la física atomística de Demócrito, este grupo creía que el mundo era el resultado de la unión de átomos (que son infinitos) de diferentes formas. Según ellos, los dioses no tuvieron nada qué ver en dicho proceso, porque eran seres completamente desinteresados por el destino de los seres humanos en la tierra. Así pues, los dioses ni castigan ni recompensan al ser humano por sus acciones, sino que se dedican a vivir en su estado de «bienaventuranza». Debido a estas ideas a menudo los epicúreos eran acusados de ateos.

Según los epicúreos, con la muerte el alma y el cuerpo regresaban a la tierra y allí sus átomos se disolvían. Para ellos, la meta principal en la vida consistía en conseguir «el bienestar personal» o «la felicidad», lo que sólo se lograba mediante el placer (pero no por el placer mismo), por eso se exigía la participación del alma en los goces del cuerpo para que éste no sufriera. Para lograrlo había que despojarse del temor a la muerte, a los dioses y al destino. Por lo tanto, vivir «la buena vida» consistía en cultivar las virtudes morales, preocuparse por el bien de los demás y desechar la autosuficiencia. Los adeptos a las enseñanzas de Epicuro se agruparon y respaldaron la formación de «círculos de amigos», a los que también las mujeres podían pertenecer. A esta comunidad de fieles, Epicuro la denominó como «el Jardín».

Los *estoicos*, por su parte, siguieron las enseñanzas de Zenón de Citio, natural de la isla de Chipre (ca. 335-263 a.C.), quien parcialmente siguió las enseñanzas de Aristóteles y fundó una escuela filosófica en la ciudad de Atenas cerca del 310 a.C. Zenón solía enseñar a sus discípulos en la *stoa* (pórtico pintado), y por eso el grupo recibió el nombre de «los de la columna» = estoicos. Para éstos, el mundo es el resultado de la condensación del fuego o del espíritu divino. El espíritu de Dios es racional y todo lo abarca, de ahí la perfección y armonía de la creación. Para ellos, el logos era la base del universo y un principio divino ligado a la razón, y que habitaba en cada ser humano y los unía. Precisamente por ello el ser humano debía luchar por despojarse de todo tipo de pasiones humanas (*apatheia*) y concentrarse en el uso de la razón. Además, puesto que el universo estaba controlado por fuerzas sobrenaturales, no tenía sentido preocuparse por lo que no se podía cambiar. Lo que sí estaba en las posibilidades del ser humano era tratar de controlar sus reacciones ante las situaciones externas, y por eso el dominio propio era una virtud que debía desarrollarse. Se podría decir que, para ellos el ser humano era como un perro atado a una carreta, que si se echaba al suelo cuando ésta se ponía en movimiento, el resultado obvio serían heridas. Pero si se levantaba y corría en la misma dirección de la carreta, entonces llegaría al mismo lugar sin dolor o sufrimiento alguno. La persona sabia, entonces, era la que se dedicaba a cumplir con este cometido, y puesto que creían que el destino del ser humano era netamente moral, entonces se debía procurar «la virtud» a toda costa. Su método para interpretar el cosmos y las relaciones humanas era la alegoría.

Tanto los epicúreos como los estoicos tenían curiosidad por nuevas ideas. Pablo tuvo una acalorada discusión con ambos grupos en el areópago de Atenas (ver Hch 17:16ss). La manera en que se les caracterizó en este texto arroja luz sobre las creencias y prácticas de ambos grupos, y sobre la manera en que Pablo respondió al desafío que le presentaron a él y al evangelio.

Los *cínicos*, cuyo fundador fue Diógenes de Sínope, eran una especie de predicadores ambulantes que ponían énfasis en la práctica y no tanto en las doctrinas teóricas. Los defensores de esta corriente intentaron poner en práctica el ideal de Sócrates de dominar las pasiones y los sentidos, y abogaron por vivir una vida sencilla. Por lo regular se les veía en las aldeas y caminos llevando solamente su bolsa y bastón, pues vivían sin hogar, propiedades o bienes. Los cínicos renunciaron a las riquezas, la satisfacción de los sentidos y la gloria personal, y por ello eran sensibles a los necesitados. Albergaron un espíritu crítico ante las normas sociales, la insuficiencia de la cultura y el individualismo de la clase alta, e incluso trivializaron lo eterno. Por lo general, sus miembros pertenecieron a la clase baja, e hicieron usos de ejemplos e ilustraciones para comunicar su mensaje con mayor eficacia. Hay muchas similitudes entre este grupo y la iglesia primitiva (Hch 2:41-47; 4:32-37), particularmente con algunos predicadores itinerantes cristianos (Mt 10:15-25; Lc 10:1-12; 3 Jn).

## c. Concepción dualista del cosmos

Al igual que los líderes religiosos de su tiempo, los sabios hacían una marcada diferenciación entre este mundo y el otro, entre el bien y el mal, entre el cuerpo y el alma, entre los humanos y los espíritus, entre los seres superiores buenos y los malos. Así pues, dado que la materia y el cuerpo eran perecederos, entonces eran malos y de menor valor. De la misma manera, porque la razón y el alma eran eternas, entonces eran buenas y supremas. Por lo tanto, la responsabilidad humana consistía en cultivar estos últimos y liberarse de los primeros. Aunque en algunos textos más que en otros (Pablo, Hebreos y Apocalipsis), en el NT escuchamos algunos ecos de este dualismo.

## d. Búsqueda de la felicidad, la virtud y la verdad

Pensar en la otra vida y sus peculiaridades no hacía que estos eruditos se quedasen de brazos cruzados. Una constante entre ellos fue el deseo por ayudar al ser humano a tomar decisiones correctas para el bien propio y el de otras personas. Puesto que el ser humano merece y quiere ser feliz, entonces necesita saber la verdad sobre su origen, identidad y propósito. La razón, personificada en el logos, era el instrumento principal para la realización personal y la obtención de significado. El conocimiento —esotérico o concreto— era clave para cultivar una vida virtuosa y verdadera.

Jesús y sus apóstoles no se quedaron atrás con relación a estos asuntos. El NT toma muy en serio el significado de la vida y aporta sus propias recomendaciones en torno a los temas de la felicidad (Mt 5:3-12; 13:20; Jn 16:24; Gl 5:22; 1 Ti 6:6; Stg 1:2; 1 Jn 1:14;); la virtud (Jn 8:29; Ro 15:1-3; 1 Co 10:33; 1 Ts 2:4; Flp 4:8; 1 P 2:9; 2 P 1:3, 5); la piedad (1 Ti 2:2; 3:16; 6:11; Tit 1:1; 2 P 1:3); el conocimiento (1 Co 8:1; Ef 1:17; 3:8; 1 Ti 2:4; 2 Ti 3:7; Heb 10:26; 2 P 1:5-6, 8; 1 Jn ); la verdad (Jn 8:32; 14:6; 18:38; Ro

1:18; 2:8; 1 Ti 2:4; 3:15; 2 Ti 3:7-8; 1 P 1:22; 1 Jn 3:19) y otros asuntos similares.

### e. La argumentación como medio de persuasión

Para los antiguos el contenido de las ideas y su propósito era tan importante como la forma (escrita u oral) en la que se transmitía. Por esa razón tanto filósofos como moralistas desarrollaron maneras en que fuera posible persuadir o disuadir a las masas, al igual que a sus adversarios. A este arte y ciencia de la buena expresión se le llamó *retórica*. Así pues, se diseñaron manuales de retórica para instruir a sus alumnos sobre «cómo» comunicar valores e ideas de forma más eficiente. Como ya lo ilustramos en el capítulo tres, los escritores del NT también hicieron buen uso de muchos artificios estilísticos y formas literarias. En particular, las cartas paulinas evidencian el buen uso de la retórica grecorromana, pero con tintes propios del judaísmo.

### f. El poder del destino y su manipulación

Puesto que en la antigüedad existía la creencia de que el cosmos era regido por principios impersonales, determinantes e inalterables, entonces todos los aspectos de la vida estaban diseñados de antemano; casi nada se podía hacer para cambiar el curso de las cosas. A esa fuerza ciega, avasallante y desalentadora se le llamó *destino* (algo parecido es el concepto de predestinación cristiano. Ver Ro 8:29-30; 1 Co 2:7; Ef 1:5, 11; 1 P 2:8; Jud 4). A pesar de la fuerza arrolladora del destino, sin embargo, muchas personas no se quedaron cruzadas de brazos. Con el propósito de alterar un poco el destino y cambiar situaciones presentes adversas, personas de todas las clases sociales oraban y ofrecían sacrificios a los dioses, solicitaban orientación de las estrellas, hacían uso de la magia o consultaban los oráculos de expertos en los «misterios». Es decir, se creía que los aspectos negativos del destino podían manipularse a través de la hechicería, los encantamientos, las palabras, frases, ritos y ceremonias que tenían ciertos poderes especiales. Especialmente quienes eran atormentados con enfermedades y espíritus malignos esperaban que su «mala suerte» de alguna manera cambiara al usar esos medios. Por otro lado, también se creía que ocasionalmente los dioses, por decisión propia e inesperada, cambiaban el curso de ese destino. Así sucedió, supuestamente, en la experiencia de Lucio Apuleyo que cuando recurrió a la magia para satisfacer su deseo de convertirse en una ave, un equívoco lo transformó en asno. Y solamente la intervención directa de la diosa Isis lo ayudó a regresar a su apariencia de ser humano. Apelar a recursos como estos era simplemente un esfuerzo desesperado por controlar las fuerzas del universo y aliviar la ansiedad producida por las vicisitudes de la vida.

## g. Preocupación por el más allá

El tema de «la otra vida» también fue de interés para los filósofos y no sólo para los expertos de la religión. El origen de los dioses (teogonía) preocupó a algunos amantes del saber. Algunos afirmaron que los dioses fueron creados por «el poder de las estrellas»; mientras que otros creían que su existencia, características y acciones solamente eran reflejos de la vida humana (es decir, que los dioses fueron creados «a imagen y semejanza de los seres humanos» y no a la inversa). Evemero de Mesenia creía que los dioses habían sido héroes antiguos que luego fueron convertidos en leyenda o mitologizados por generaciones posteriores. También se creía en la existencia de seres espirituales que mantenían contacto con los seres humanos e influían en su vida. Entre los griegos a estos seres se les conoció como *daimon* (de donde curiosamente se deriva el vocablo *demonio*), y que podían ser buenos o malos. Finalmente, en filosofía, al igual que en religión, muchas personas desarrollaron ideas más concretas sobre la vida de ultratumba y realizaron actividades de preparación para ello. Por ejemplo, se hacían banquetes en funerales, se hablaba de la justicia como retribución en el más allá y las ideas acerca del infierno y el cielo comenzaron a ventilarse. A esta práctica se le denominó *orfismo*.

El NT rechaza mucho de la filosofía del ambiente gentil. Pero, irónicamente, sus autores utilizaron buena parte del contenido y la forma de comunicación filosófica de aquel tiempo. Destellos de estoicismo y platonismo se pueden notar en algunos textos bíblicos (Ro 1:18-32; Heb; Stg 1:22-25; 2:8-13, 18-26; 3:1-12; 5:11, 17-18). Cuando Pablo estuvo en el areópago ateniense, coincidió con muchas de las ideas de los eruditos de esa ciudad, pero el tema de «la resurrección» llevó el diálogo a su fin (Hch 17:23-28). El Apóstol se opuso rotundamente a la idea de que los griegos eran los sabios y que sus doctrinas eran la verdad, y redefinió estos conceptos de manera cristológica (Ro 1:14-15; 1 Co 1:18-2:16). En Colosenses Pablo advierte que luego de que los cristianos fueran expulsados de la sinagoga y algunos negaran la encarnación de Jesús, los cristianos no deberían ser seducidos por la ideología de algunos de esos pensadores porque era vacía, engañosa, rudimentaria y una mera invención humana (Col 2:8). En las cartas pastorales se condenan ideas de la sociedad secular. Juan se opuso a todo concepto que minimizara o negara la humanidad de Cristo (1 Jn 2:18-27; 4:1-6; 2 Jn 7-11). Pero también encontramos plasmadas las virtudes y vicios morales que los filósofos discutían (1 Ti 3:1-13; 4:1-16; 2 Ti 2:22-26; Tit 1:12-16).

## 6. Escenario religioso

Si la filosofía se encargaba de satisfacer el intelecto, la religión se encargaba de llenar las necesidades del alma. La religión fue pieza central del diario vivir de los pueblos del NT. Judíos, cristianos, griegos y romanos manifestaban por igual su necesidad de pensar sobre y relacionarse con la divinidad. Muchas comunidades se esforzaban por encontrar significado último a su relación con seres supra-terrenales, y lucharon por determinar el impacto de su fe en el quehacer cotidiano y la vida después de la muerte. Así pues, se desarrollaron creencias, mitos, ceremonias y ritos para explicar el ámbito espiritual y su vínculo con los mortales. La meta era reconectarse con lo sagrado.

### a. La adoración de muchas deidades (politeísmo)

Puesto que el NT se desarrolló en un contexto cultural agrario, la sociedad daba por sentado la realidad de un ser supremo y seres celestiales. Aunque había filósofos que no creían en la existencia de estos seres y calificaban a las religiones como «superstición» y «fantasía», la mayor parte de la sociedad aceptaba como un hecho la existencia del mundo espiritual y su intervención en los asuntos terrenales y humanos. En aquel tiempo no existía una separación entre lo sagrado y lo profano, porque los dioses se podían encarnar y los humanos convertirse en dioses. Por ejemplo, después que Pablo sanó a un cojo, los habitantes de esa ciudad dijeron que los dioses Hermes (Pablo) y Zeus (Bernabé) habían descendido y tomado forma humana (Hch 14:6-16).

Los dioses eran responsables por los sucesos ocurridos a los seres humanos, fueran buenos o malos, y por ello sus devotos se esforzaban por agradarles, o apaciguar su ira, por medio de ceremonias, rituales y otros actos simbólicos (Hch 19:11, 24). El buque alejandrino que llevaba a Pablo a Roma, por ejemplo, tenía como emblema una imagen de los dioses Cástor y Pólux (hijos de Leda, reina de Esparta, a quienes Zeus transformó en gemelos y son representados por la constelación de Géminis). Estos dioses eran los protectores de los marineros (Hch 28:11).

La gran mayoría de los pueblos depositaron su fe en muchos dioses (politeísmo). Había deidades para escoger y la curiosidad por saber de otras (Hch 17:18). De ahí viene la exageración de que en la sociedad grecorromana había tantos o más dioses que personas. Tanto individuos y familias como aldeas y ciudades se agrupaban en torno a la adoración de por lo menos una divinidad. Por ejemplo, Zeus fue patrón de la ciudad en Olimpia, Palas de Atenas, Artemisa o Diana de Éfeso (Hch 19:23; cf. Ap 2:1, 18) y Apolo de Cirene o Delfos. Otras religiones proliferaron de corte más filosófico o que enfatizaban el estudio y adoración de los astros, los encantamientos y la magia; mientras que otros grupos aceptaban esa presencia divina como activa en el cosmos y contenida en las cosas y los seres vivos (una corriente conocida como *panteísmo*).

Dentro de este inmenso mar de concepciones religiosas, los devotos del judaísmo y el cristianismo profesaron fe, adoración, devoción y servicio a un sólo Dios, a quien consideraron único, vivo y verdadero (Dt 6:4-5; Mc 12:29-30; 1 Co 8:5-6). Gentiles convertidos al cristianismo abandonaron sus muchas deidades para dar su lealtad al Dios de los cristianos por medio de la fe en Jesús el Mesías. Sin embargo, después de haber abrazado la fe cristiana, muchos nuevos creyentes se vieron tentados a regresar a sus antiguos dioses. Para enfrentar la amenaza de la apostasía, los escritores del NT denunciaron a estos dioses como «ídolos», enfatizaron su falsedad e impotencia, y mandaron que los seguidores de Jesús debían apartarse de toda forma de idolatría (Hch 15:20; 17:18; 19:26; 1 Co 8:1-13; 10:1-33; 2 Co 6:14-18; Gl 4:8-9; 5:20; Col 2:8; 1 Ts 1:9; 1 P 4:3; 1 Jn 5:21; Ap 2:14, 20).

### b. A imagen y semejanza de los seres humanos (antropomorfismo)

Los antiguos creían que lo sucedido en la tierra era reflejo de lo que sucedía en el ámbito espiritual y viceversa. Por este motivo podemos ver que se asignaba rasgos de carácter y funciones humanas a los dioses. La caracterización de los dioses reflejaban los logros, los fracasos, los temores y los sueños de sus creadores. Incluso un vistazo superficial a las mitologías de la época muestra que los dioses «vivían» las mismas situaciones humanas. Así pues, estudiar la vida de los dioses es una ventana a través de la cual se puede contemplar la forma en que se desarrollaba la vida social de los pueblos de aquel entonces. Haciendo esto, será más fácil entender por qué había divinidades tanto masculinas como femeninas (algo que no ocurre ni en el judaísmo ni el cristianismo). Además, eran los nexos filiales, la amistad o los antagonismos los que caracterizaban las relaciones entre ellos, tal como sucede en «la telenovela humana».

### c. Mezcolanza de religiones (sincretismo)

Las religiones en el mundo grecorromano tenían muy pocos elementos únicos o eminentemente singulares. Las semejanzas entre ellas eran tan cercanas que se puede concluir con facilidad que se influyeron unas a otras. Las principales religiones del oriente antiguo —con su énfasis en la naturaleza— se infiltraron en el imperio al comienzo de la era cristiana, y dioses egipcios como Isis, Osiris y Horus, o sirios como Atargatis y Adonis, y Cibeles de Frigia, influyeron poderosamente en la población. En ocasiones se combinaron atributos de dos o más dioses en uno sólo. En otras, por lo general preservando los mismos atributos y funciones, un pueblo tomó prestados los dioses de una nación extranjera, los adaptó para sus propios fines y solamente les cambió el nombre. Por ejemplo, los dioses griegos fueron aceptados y adoptados por los romanos, pero con una nueva identidad. En el siguiente cuadro podemos apreciar mejor este fenómeno:

### d. Divinidades populares

Muchas de las divinidades y sus cultos se originaron en Egipto, Grecia y Asia Menor. Por ejemplo, Asclepios «el dios sanador» por excelencia, «el salvador» y «el amigo de los hombres», junto con Isis, gozó de una amplia popularidad, especialmente entre los pobres; se conocen más de 300 santuarios en su honor en el mundo grecorromano, donde también se prestaban servicios hospitalarios y se hacían sanidades. Deméter era «madre» de las cosechas y la agricultura, y su santuario se ubicó en la ciudad de Eléusis, cerca de Atenas; sus seguidores practicaban el ayuno y tomaban una bebida de cebada como parte del culto dedicado a esta diosa (los emperadores Augusto y Adriano fueron iniciados en esta religión). Cabirio era el consorte de Deméter y sus adoradores practicaban los mismos ritos. Se cree que fue prominente en la ciudad de Tesalónica y cuyo culto abandonaron quienes se convirtieron al cristianismo.

| Divinidad griega | Atributos y funciones | Divinidad romana |
|---|---|---|
| Zeus | Dios principal del panteón, regente del cielo y el clima | Júpiter |
| Hera | Consorte de Zeus, diosa del matrimonio y de la feminidad | Juno |
| Poseidón | Hermano de Zeus y dios del mar; también de los caballos en Grecia | Neptuno |
| Estia (Hestia) | Hermana de Zeus y diosa del hogar y del fuego familar | Vesta |
| Deméter | Diosa de la agricultura (cosechas) y fertilidad | Ceres |
| Atenea | Diosa de la sabiduría y el arte, matrona de los atenienses | Minerva |
| Apolo | Dios de los pastores, la sabiduría y la arquería; símbolo de masculinidad y juventud | Apolo |
| Artemisa | Hermana gemela de Apolo, diosa de la cacería y la maternidad | Diana |
| Ares | Dios de la guerra, el más sediento de sangre en el panteón romano | Marte |
| Afrodita | Diosa del amor, la fertilidad y la sexualidad | Venus |
| Hermes | Mensajero de los dioses (griegos), patrón de los caminantes (romanos) | Mercurio |
| Efesto | Dios minusválido que servía como herrero a los otros dioses | Vulcano |

Dionisio era «el dios del vino» y su culto comenzó y se popularizó en la región de Tracia (Bulgaria). Con ánimo de recibir su espíritu y alcanzar la inmortalidad, muchos de sus adeptos se emborrachaban y, en medio del éxtasis, comían animales crudos en honor de Dionisio. Serapis, también llamado Oserapis, era la combinación de dos dioses: Apis («buey sagrado») y Osiris (dios de la fertilidad en el Nilo y del bajo mundo). La diosa Isis vino de Egipto y fue muy popular en Grecia y Roma, especialmente entre las mujeres y los marineros. Se escribieron muchos poemas e himnos y se construyeron muchos templos en su honor; sus seguidores ayunaban y se purificaban para rendirle tributo, y se le conocía como «la diosa del cielo», «la madre del universo» y «la contraparte del faraón en el cielo». Muchos acudían a ella solicitando su ayuda en contra del poder del destino. Especialmente Egipto y Corinto fueron centros de adoración de Isis. El emperador Cayo Calígula erigió un templo a esta diosa en el 38 d.C. y mandó acuñar su imagen en las monedas.

Cibeles era una diosa frigia considerada «la gran madre de todos los dioses» y «la diosa de la fertilidad». El culto a Cibeles tuvo aprobación imperial por cierto tiempo. Sus seguidores practicaron el éxtasis y la castración. Atis, en la mitología griega, era héroe e hijo de una virgen y amante de Cibeles. Atis le fue infiel a Cibeles y se auto-castró y murió. Sin embargo, Cibeles lo resucitó. En conmemoración de este evento, los adoradores de ambas divinidades celebraban el *taurobolio*: una ceremonia en la que los creyentes bañaban al iniciado con la sangre de un toro que sacrificaban y del cual bebían su sangre. También, en representación de la muerte de Atis, los creyentes colocaban un árbol de pino en el templo, se hacían cortadas para luego rociar el árbol con su sangre, mientras otros se castraban; así celebraban y participaban de la vida de Atis y al mismo tiempo obtenían la redención por sus culpas.

Mitra fue un dios persa a quien se le conoció como «el inconquistable dios sol». Este dios nació de una roca el 25 de diciembre, y este acontecimiento era celebrado por sus seguidores cada año. El mitraismo era riguroso, sólo a los hombres se les permitía participar y éstos tenían que pasar por siete etapas de iniciación antes de ser aceptados dentro de la religión, porque de este modo obtenían la virtud y la vida eterna. Además, también creían que al final de la historia tanto los demonios como los impíos serían destruidos por fuego.

### e. Mitología como base de fe y la conversión de nuevos adeptos (proselitismo)

Cada culto tenía una manera particular de explicar y transmitir ideas sobre el origen, los atributos y las funciones de cada uno de sus dioses. Estas explicaciones fortalecían las convicciones de sus adeptos, servía de propaganda para captar nuevos miembros y perpetuaba la vida religiosa del grupo. Muchas de estas mitologías estaban bien elaboradas y eran conocidas; otras eran de corte más simple, prácticas y poco se sabía de ellas. De cualquier modo, sin estas historias y doctrinas se corría el riesgo de que el grupo de adoradores desapareciera. De cierta manera, todas las religiones decían tener «la verdad» y con frecuencia luchaban por ganar nuevos creyentes y por retener a los veteranos. En el culto a Cabirio, por ejemplo, había cierto énfasis misionero. Otros grupos, como el del dios Dioniso, eran más exclusivistas.

### f. Ceremonias y ritos secretos

En muchas de las religiones del período helenístico los nuevos convertidos eran iniciados en la fe a través de ritos y ceremonias secretas nocturnas. En recintos selectos localizados en los mismos templos y por medio de una serie de actos simbólicos, los nuevos creyentes participaban de elaboradas ceremonias de purificación y transición para ser admitidos en la comunidad de fe y cambiar sus vidas. A este tipo de religiones se les conoció como religiones mistéricas. Y aunque esta designación para muchos eruditos es imprecisa, este tipo de grupos era popular entre los gentiles. De esta realidad venían muchos de los que se convirtieron a la fe cristiana.

### g. La muerte y la resurrección de los dioses

Muchas de las religiones del mundo grecorromano basaban sus creencias en historias según las cuales los dioses o diosas morían y volvían a la vida de forma milagrosa. Además, el rito de iniciación en estos cultos normalmente simbolizaba un tipo de identificación con el dios resucitado y la transformación espiritual o nuevo nacimiento del creyente. Este marco conceptual ayudó a que la doctrina de la resurrección de Jesús pudiese ser entendida por muchos gentiles, porque a fin de cuentas, no era totalmente nueva para ellos. En el culto a Deméter, por ejemplo, su hija-diosa Perséfone, era llevada al inframundo durante seis meses (otoño-invierno). Cada primavera resucitaba para estar con su madre; y esa era la época en que la tierra florecía. En el culto a Dionisio, dios de Tracia, intoxicarse y experimentar el éxtasis significaba tener acceso al espíritu de este dios y alcanzar la inmortalidad. Se dice también que Isis resucitó a su esposo Osiris de entre los muertos. Con esto nos damos cuenta que, tal vez, la idea de un Cristo volviendo a la vida no era totalmente nueva para muchos gentiles.

## h. El culto al emperador

A pesar de esta variedad de cultos descritos, en el tiempo del NT había una sola religión oficial a la cual todos los habitantes del imperio estaban sometidos: el culto al emperador. De cierta manera esto garantizaba la unidad del imperio, aunque también era una estrategia de dominación. Bajo la autoridad del emperador, los habitantes del imperio —libres o esclavos— formaban parte de una gran cultura mundial. Roma toleraba y promovía la adoración de otros dioses siempre y cuando hubiese lealtad al estado y sus instituciones.

En Roma el culto al emperador comenzó cuando Augusto César declaró que su predecesor, Julio César, era divino. A partir de entonces, se ofrecieron sacrificios en su honor por la paz y la prosperidad logradas. Aunque Augusto no exigió ser adorado como dios, muchos lo deificaron luego de su muerte. Los títulos «Señor», «Salvador» e «Hijo de Dios» fueron aplicados a los emperadores que le sucedieron. Cayo Calígula, Nerón y Domiciano insistieron en que se les reconociera como seres divinos (aunque los judíos fueron exceptuados de ello). Así pues, expresar lealtad absoluta a Jesús como Rey y Señor en ese contexto, se consideró como un acto de desobediencia o desafío socio-político y podía costar la muerte. El NT rechaza totalmente la adoración al emperador (2 Ts 2:1-11; Ap 2:12-17; 13:1-18; 14:9-12; 17:1-18; 20:10).

Aunque no se sabe a ciencia cierta, una serie de factores se conjugaron para crear las condiciones sociales que llevaron a los romanos a exigir culto a la cabeza del estado. Al parecer, dicha práctica se originó por una mezcla entre la adoración al faraón (práctica egipcia) y se acentuó con el llamado «culto a los héroes» (práctica griega). En los pueblos griegos se exaltaron las cualidades y logros de personas fuera de lo común, especialmente luego de muertas, y los filósofos y poetas vieron en ello la manifestación misma de la deidad. Este fenómeno, aunado a la creciente concentración de poder en manos de los monarcas, las invasiones y colonizaciones de otras naciones, la aceptación de la autocracia como sistema de gobierno y la veneración de benefactores, prepararon el camino para la adoración del César durante la época del imperio romano.

## i. El culto en Israel

La religión en Israel tiene muchas cosas en común con las demás religiones, pero también tiene rasgos muy particulares. El cristianismo temprano debe muchísimo al judaísmo, sobre todo en el campo de las creencias, las prácticas y las instituciones religiosas.

Al igual que para los pueblos de ese entonces, la religiosidad en Israel fue de vital importancia para los hebreos y se expresaba de diversas maneras. Su enfoque fue el culto a Jehová, el único Dios verdadero, a quien se le debía total lealtad, amor y obediencia. Una vida de santidad era parte integral de esta devoción. La adoración a Jehová, a cargo de los sacerdotes o levitas, incluía una serie de actividades en el Templo (el lugar más sagrado para los judíos). En él se ofrecían varios tipos de sacrificios (Lv 1-5), se hacían oraciones diarias, ayunos y se practicaba la circuncisión (la señal del pacto entre Dios y su pueblo). También se observaban ritos de purificación y el *sabath* (día de reposo). La Ley Mosaica estipulaba tres peregrinaciones anuales al templo: durante las fiestas de la Pascua, el Pentecostés y la de los Tabernáculos (Ex 34:23; Dt 16:17). En la sinagoga se estudiaban y escuchaban enseñanzas sobre las Escrituras Hebreas, se oraba y cantaba a Dios con sencillez de corazón. La enseñanza, la veneración y la práctica de las tradiciones también eran muy importantes entre los hebreos.

En Israel existieron varias sectas religiosas que encarnaron la lealtad a Dios y la piedad, pero también dieron apoyo político a los romanos para la administración de Palestina. Así pues, la política y la religión como tal no podían separarse. Jesús tuvo serias diferencias con algunos de sus líderes y eruditos, de tal manera que éstos se confabularon para eliminarlo. Entre los grupos religiosos judíos encontramos a los *saduceos*, que eran un partido sacerdotal de clase alta y con mucho poder en Israel, estaban asociados al templo y eran miembros mayoritarios del *Sanedrín*, una especie de Corte Suprema de los judíos (Mt 3:7; 16:1-12; 22:23-33; Hch 4:1; 15:17; 23:1-22). Los saduceos no creían en la resurrección, los ángeles o los espíritus; aceptaban como la Ley sólo los primeros cinco libros del AT (Génesis a Deuteronomio) y rechazaron la tradición oral. La destrucción del Templo en el 70 d.C. parece haber marcado el fin de este grupo. Los *fariseos* eran los maestros de la ley judía y gozaban de buena reputación entre el pueblo por su piedad, disciplina y celo (Mt 5:20; 23:1-39; Mc 2:18-27; Lc 5:17-26; 17:20; Jn 1:46-47; 3:1; 12:42; Hch 15:5; 23:1-22). Normalmente eran de clase media, aunque algunos vivían modestamente, valoraban la interpretación oral de las Escrituras y la aplicaban a situaciones contemporáneas. A diferencia de los saduceos, ellos sí creían en la resurrección, los ángeles y los espíritus. A pesar de sus diferencias, saduceos y fariseos unieron fuerzas para oponerse a Jesús (Mt 16:1, 6, 12; 22:34). Los *esenios*, otro de los grupos, vivían en el desierto separados de la sociedad dominante y dedicados a la pureza y santidad ritual. Eran ascetas, célibes, muy disciplinados y practicaban ritos de purificación continuos (eran algo así como «los monjes» del judaísmo en tiempos del NT). Los esenios creían que el fin del mundo era inminente y que ellos eran los escogidos de Dios. Cuando los romanos atacaron Jerusalén en el 70 d.C., también destruyeron las comunidades esenias localizadas en la región de Qumrán. Fue en este lugar donde se descubrieron los llamados «manuscritos del Mar Muerto». Tal vez Juan el Bautista y la comunidad de las cartas paulinas fueron influidos por los esenios. Los *zelotas* eran los patriotas que, para honrar su fe en Jehová, conscientes de que Dios los guiaba, y orgullosos de su cultura, luchaban militarmente para liberar a Israel de las manos crueles de los romanos (Mt 10:4; Mc 3:18; Lc 6:15; Hch 5:35-39). En el año 70 d.C., después de una dura resistencia, los zelotas fueron masacrados por el ejército romano.

La observancia del *sabath* (día de reposo) es una de las costumbres religiosas judías más conocidas. Es cierto que se realizaban festivales anuales para promover la unidad del pueblo, recordar la obra de Dios a favor de Israel en la historia, expresar su adoración a Dios y promover la fe y la obediencia a él. Pero, cada séptimo día de la semana los judíos también reposaban de sus quehaceres diarios, imitando (y por mandato de) lo que Dios hizo después de la creación (Gn 1; Ex 16, 23, 34; Lv 23; Num 28; Dt 5). En la *Pascua* —la más importante de las fiestas judías— los hebreos conmemoraban la milagrosa liberación de Egipto que Jehová realizó a través del liderazgo de Moisés (Ex 12:3-11; Lv 23:4-14; Num 9:1-14; Dt 16:1-8). Fue gracias a este evento que Israel se convirtió en una nación. Para los cristianos, la muerte de Jesús redefinió esta fiesta al otorgarle el sentido de reconciliación entre Dios y la humanidad (Mt 26:1-5; Lc 22:1-23:56; Jn 2:13, 23; 13:1; 1 Co 5:7). Cincuenta días después de la Pascua se celebraba el *Pentecostés* o la fiesta de las Semanas, con la que se honraba el pacto de Dios con su pueblo en el monte Sinaí y se dedicaban los primeros frutos de la cosecha a Jehová (Dt 16:9-12; 26:1-19; Hch 2:1-41; Hch 20:16; 1 Co 16:8). Con la fiesta de los *Tabernáculos* se traía a la memoria el peregrinaje de Israel por el desierto y se agradecía a Dios por la tierra (Ex 23:16; Lv 23:34; Nm 29:12-40; Jn 7:2). La fiesta de la *Luna Nueva* apartaba el primer día de cada mes para honrar a Dios (Nm 10:10; 28:14; cf. Col 2:16).

El Año Nuevo o *Rosh Hashaná* es un momento de perdón y restauración para comenzar bien y encomendar el año al Creador. En el *Día de la Expiación* los israelitas tenían la oportunidad para purificar sus pecados y restaurar la comunión colectiva con Dios (Lv 16:1-34; 23:26-32; Nm 29:7-11). El sacrificio del cordero expiatorio, la presentación de su sangre en el altar y la entrada del sumo sacerdote al lugar santísimo del templo una vez al año, eran algunas de las acciones más significativas de esta fiesta. Todo el significado y función de estos rituales fueron cumplidos y superados por Jesucristo (ver la carta a los Hebreos). *Hanuka*, o la Fiesta de las Luces, conmemora el momento cuando Judas Macabeo, en el 65 a.C., re-dedicó el Templo de Jerusalén que había sido profanado por los reyes griegos de Siria al introducir ídolos paganos (1 Mac 4:52-59). Por último, la fiesta del *Purim* hace referencia a cómo a través de la reina Ester Dios salvó a los judíos de ser exterminados por los persas (Est 9:26-32). En esta fiesta se destaca el coraje y la fe una gran mujer.

CAPÍTULO 5
# Origen y formación del Nuevo Testamento:
## De veintisiete libros a uno solo

Hemos aprendido que los 27 libros que encontramos en el NT son documentos contextuales, es decir, estos libros fueron escritos por judío-gentiles en diferentes épocas y zonas geográficas, dirigidos a diferentes lectores del mundo grecorromano y con preocupaciones e intereses muy distintos. Su finalidad fue ministrar a las necesidades y desafíos de los primeros cristianos. Sin embargo, estos 27 documentos no permanecieron aislados el uno del otro ni circularon de forma independiente por mucho tiempo. Generaciones posteriores a los cristianos receptores originales los leyeron, editaron, seleccionaron y conservaron. Luego de un largo y complejo proceso, estos escritos fueron agrupados en una sola lista porque se les consideró «inspirados por Dios» y «autoritativos». Estos documentos fueron muy útiles para la adoración, para conocer a Jesús, para saber sobre la enseñanza, la predicación, la ética y la manera en que se defendió la fe durante la época de la iglesia primitiva. A partir de ese momento, los cristianos comenzaron a creer que esa colección de documentos —como un todo unificado— hablaba con autoridad divina sobre asuntos de la fe, la moralidad y el ministerio. Con el tiempo, a estos documentos se les conoció con el título de «el Nuevo Pacto» o «el Nuevo Testamento».

Aunque el NT no fue parte esencial de la vida y obra de la iglesia primitiva, la historia de la formación del NT sí es vital para la fe cristiana. ¿Cómo llegaron estos 27 documentos a ser parte de una antología sagrada de enorme valor y función dentro de las iglesias cristianas? ¿Quiénes los seleccionaron y agruparon? ¿Por qué precisamente esos libros y no otros? ¿Qué criterios fueron utilizados y quién tomó la decisión final? ¿Hubo realmente consenso entre los diferentes líderes cristianos de aquel entonces? ¿Qué circunstancias y eventos crearon las condiciones para que el proceso de canonización se diese y acelerase? ¿Qué factores contribuyeron?

Estas preguntas son importantísimas tanto para los historiadores, literatos y expertos en el estudio de la religión, como para cualquier creyente. Sin embargo, puesto que existe una brecha y misterio enormes sobre estos asuntos, no hay respuestas absolutas. La evidencia a nuestro alcance no es clara y los prejuicios religiosos a veces impiden un acercamiento objetivo. Por ejemplo, a veces se asume *a priori* que dicho proceso fue «inspirado» y «protegido» por Dios. De allí que los expertos básicamente se hayan dedicado a leer entre líneas, y extraer algunas inferencias a fin de dar respuestas tentativas. Por esta razón, sólo podremos hacer algunas generalizaciones sobre cómo, cuándo y dónde surgió el NT y sobre quiénes fueron los protagonistas principales.

## 1. Definición de algunos términos claves

Antes de abordar el tema del origen y formación del NT, es indispensable identificar algunas palabras claves y explicar su significado. Los vocablos claves aquí son *canon*, *Canon del NT* y *canonización*. *Canon* se deriva de una palabra griega que significa «regla», «norma» o «vara para medir». En el mundo bíblico el canon se utilizó para trazar líneas rectas y medir distancias. Ahora, al aplicarse a un grupo de libros, la palabra se refiere a un cuerpo literario reconocido como autoritativo por un grupo particular. En relación a la Biblia, *canon* se usa para señalar la colección de libros aceptados como autoritativos por los judíos (Canon Hebreo o Antiguo Testamento) o los cristianos (Canon del Nuevo Testamento). Así pues, los cristianos han utilizado el vocablo *canon* para referirse a la colección de libros considerados como la «regla» de fe y práctica para sus comunidades. A través de estos libros se «mide» o «evalúa» la doctrina y conducta de los creyentes.

Según la fe cristiana, Dios se reveló a la humanidad por medio de la persona, ministerio, muerte y resurrección de Jesucristo, y a través de las experiencias de fe de sus discípulos y las iglesias que emergieron gracias a su trabajo. Así que, más específicamente, «el Canon del NT» es una expresión que se refiere a los 27 documentos que fueron escritos en griego por y para los seguidores del movimiento de Jesús, y que han sido declarados como escritura sagrada —o «Palabra de Dios»— por la iglesia cristiana luego de un complejo proceso que tardó varios siglos.

Ahora, ¿qué se entiende por *canonización*? Es el largo y complejo proceso, las etapas, los factores y los criterios a través de los cuales la iglesia limitó oficialmente los libros del NT a 27. Hasta donde es posible, el estudio de la canonización del NT toma en consideración tanto el inicio, el desarrollo y la finalización de ese proceso, como los diferentes elementos que participaron en ello.

## 2. La diversidad literaria del cristianismo primitivo

El cristianismo temprano no fue un movimiento uniforme; por el contrario, por ser creciente y numeroso, también fue diverso. Esta diversidad se nota claramente por la amplia gama de literatura teológica, ya fuera ortodoxa (defendida por las iglesias institucionales) o heterodoxa (producida por grupos «heréticos» o con diferente manera de pensar), que produjeron los autores cristianos. Debido a ello, nos damos cuenta que los 27 libros del NT son apenas una muestra muy pequeña de la producción literaria que se dio en los primeros años de vida del movimiento cristiano.

Por lo general, esta literatura cae bajo dos categorías principales: la de los Padres Apostólicos y la conocida como Apócrifos del NT. La primera se refiere a documentos de la tercera y cuarta generación de creyentes, que fueron escritos entre el fin del primer siglo e inicios del segundo de nuestra era, y que parecen representar una emergente «ortodoxia». Por ser de utilidad para la adoración en algún momento, algunos de ellos fueron considerados como «canónicos». La segunda categoría abarca libros normalmente rechazados por la iglesia debido a sus falsas enseñanzas, carácter legendario e ideas tomadas del gnosticismo (movimiento filosófico-religioso que privilegiaba el conocimiento esotérico) y el maniqueísmo (que promovía el dualismo).

Una novela contemporánea, *El Código Da Vinci*, basa mucho de su trama en las especulaciones, exageraciones e imprecisiones históricas de los Apócrifos del NT. No existe evidencia histórica para afirmar que la iglesia «ocultó» información sobre Jesús (por ejemplo, que se casó con María de Madgala) o «prohibió» el uso de estos libros porque supuestamente sus enseñanzas contradecían algunas creencias basadas en el NT. Por el contrario, muchos de estos libros fueron populares en el culto cristiano y se animó su lectura; incluso —como ya hemos dicho— algunos de ellos formaron parte del Canon del NT en algún momento.

Al renglón de los «Padres Apostólicos» pertenecen libros que nos permiten conocer un poco más sobre las creencias, los valores, las prácticas, la organización, y algunas de las luchas y desafíos que tuvieron contra otros grupos religiosos en diferentes zonas geográficas del imperio romano. Entre ellos figuran la *Enseñanza de los Doce*, el *Pastor de Hermas*, la *Carta de Bernabé*, *1 Clemente*, el *Apocalipsis de Pedro*, las *Siete Cartas de Ignacio* (a los efesios, a los magnesios, a los trallanos, a los romanos, a los filadelfios, a los esmirniotas y a Policarpo), la *Epístola de Policarpo a los filipenses*, el *Martirio de Policarpo*, los *Hechos de Pilato*, los *Hechos de Juan*, la *Epistula Apostolorum*, *2 Clemente* y la *Epístola de Diogneto*.

A los Apócrifos del NT pertenecen libros que, además de citar y editar algunos dichos de Jesús contenidos en los evangelios canónicos, contienen otros que pudieran ser legítimos, además de otra información histórica acerca de Jesús. Entre ellos tenemos al *Evangelio de Tomás* (contiene 114 dichos atribuidos a Jesús), el *Evangelio de Pedro* (un relato sobre la crucifixión, sepultura y resurrección de Jesús), el *Evangelio Secreto de Marcos* (extractos de una posible edición temprana de Marcos preservados en una carta de Clemente de Alejandría), el *Papiro Egerton 2* (fragmento de un evangelio desconocido que pudo haber servido de fuente para algunos de los discursos de Juan) y el *Apócrifo de Santiago* (un diálogo entre Jesús, Pedro y Santiago). Otros evangelios que sobrevivieron en forma fragmentaria son el *Protoevangelio de Santiago*, el

*Diálogo del Salvador*, el *Evangelio de los Egipcios*, el *Evangelio de los Hebreos*, el *Evangelio de los Nazarenos*, el *Evangelio de los Ebionitas*, el *Evangelio de la Infancia de Tomás* y el *Papiro Oxyrhynchus 840*.

Por estos últimos documentos nos damos cuenta que existió una teología diferente a la de la iglesia predominante. Es decir, hubo cristianos que creían en dos dioses: el Dios del AT, que era sanguinario y cruel, y el Dios del NT, que era misericordioso y lleno de bondad. En ciertos círculos gnósticos, algunos incluso llegaron a creer en la existencia de 30 dioses o hasta 365 (uno por cada día del año). Por otro lado, algunos cristianos rechazaron totalmente el AT y solamente aceptaron algunos de los escritos del NT. Para muchos, Jesús fue solamente humano, o divino, ¡o ambos! Como parte de esta amplia gama de ideas, hubo también una «ortodoxia emergente» que terminó siendo la forma de pensamiento dominante del cristianismo. Fue este grupo precisamente quien decidió los asuntos relativos al Canon del NT.

Toda esta literatura enriquece nuestro conocimiento de la iglesia temprana y es testimonio de la diversidad literaria que estuvo presente en ese entonces. Y aunque algunos eruditos argumentan que el canon debe ser abierto para incluir algunos (o partes) de estos documentos, muchos creen lo contrario. Sin embargo, para entender mejor el NT también debemos estudiar estos documentos; de otra manera, nuestro conocimiento del cristianismo primitivo sería parcial, incompleto y restringido.

## 3. El proceso de canonización

Al pensar en la canonización, no debemos limitar la historia del cristianismo a lo que estas 27 fuentes digan o reflejen. Hubo una vasta producción literaria antes, durante y después de la época del NT. De modo que sería ingenuo de nuestra parte creer que la historia del cristianismo deba circunscribirse a lo que 27 documentos digan. Es incorrecto también asumir que la información «más importante» sobre este tema sea necesariamente la que esté contenida en ellos. Además, la canonización del NT no se dio de la noche a la mañana o vino del cielo de forma acabada y perfecta. Es, más bien, fruto de una larga y enredada jornada que duró siglos. Así pues, es imposible identificar con precisión el desarrollo histórico del Canon del NT. En realidad sabemos poco sobre su origen, formación y clausura. También necesitamos recordar que los documentos del NT no se escribieron pensando en que más tarde serían considerados como «sagrados». Desde la perspectiva histórico-literaria, el contenido, la forma y el número final de libros del NT no estaban preordenados.

## 4. «Criterios» de selección

Ignoramos cuáles fueron los detalles específicos que llevaron a los líderes cristianos, las iglesias tempranas y la elite religiosa a limitar la Escritura Sagrada Cristiana a 27 documentos. Sin embargo, a partir de la información que algunos documentos post-neotestamentarios suministran, y utilizando nuestra propia imaginación al leer las fuentes, podemos decir que hubo por lo menos cuatro principios que posiblemente jugaron un papel importante en el proceso de selección.

### a. Asociación apostólica

Para los primeros cristianos, los documentos debían haberse originado por quienes primero fueron seleccionados y enviados por Jesús con la misión de anunciar las buenas nuevas del reino de Dios. Este criterio incluía tanto a los primeros testigos oculares como a quienes tuvieron algún vínculo directo con ellos y sus tradiciones. De allí que se usara el término *apostólico* en su sentido más amplio, es decir, como enviado por Dios para una misión. Este punto de vista es razonable, pues así se quiso asegurar la conexión histórica con el Cristo de la fe que ya no estaba físicamente con sus discípulos. Quienes anduvieron con él eran el único vínculo o puente fidedigno a ese glorioso pasado. Así que para lograrlo, la tradición de la iglesia vinculó muchos libros del NT con grandes figuras apostólicas.

## b. Aceptación y uso en los cultos de las comunidades cristianas

El uso que las comunidades religiosas caseras le dieron a los libros en sus actividades de adoración fue un elemento importante para seleccionar, copiar y preservar estos libros. Aunque la teología fue importante, fue más determinante en qué medida los libros fueron relevantes dentro de la adoración y de qué manera les hablaban sobre Jesús. Debemos recordar que las únicas Escrituras eran «las Escrituras Hebreas», pero éstas no decían nada sobre Cristo, y por eso las comunidades cristianas se dieron a la tarea de copiar, preservar y distribuir documentos que les permitieran cultivar su fe, aprender sobre y de Jesucristo y adorarle. Así pues, la iglesia institucional no crearía el Canon a partir de cero, sino simplemente pondría su sello a libros que ya tenían la aprobación del público. En un sentido, el Canon del NT demoró tanto en formarse precisamente porque había diferentes tradiciones de adoración (culto) en diversas regiones e iglesias.

## c. Universalidad o catolicidad

Para que un documento calificara y fuera incluido en el Canon, sus enseñanzas también deberían ser relevantes para un público más amplio que el de los lectores originales del documento. Es decir, debía ser aplicable y extensible para la iglesia universal en sus diferentes expresiones locales. Los cristianos en general debían beneficiarse espiritualmente de estos libros. La copia y diseminación de los documentos por diferentes zonas geográficas era un factor que dejaba ver la catolicidad que tenían, pues nadie copia y preserva documentos de los que no pueda obtener algún beneficio para sus convicciones, espiritualidad, culto, misión, ministerio y ética.

## d. Proto-Ortodoxia

Finalmente, un documento debía estar de acuerdo con «la sana doctrina» de las iglesias nacientes y las establecidas. De alguna manera las enseñanzas contenidas en los escritos debían coincidir con (o no contradecir) las creencias, los valores y los principios morales enseñados por los apóstoles y otros líderes cercanos a ellos. Por eso los libros que promovieron doctrinas del gnosticismo, de otros movimientos filosóficos, religiones paganas o alguna combinación de estos, fueron rechazados, especialmente cuando atentaban contra la identidad humano-divina de Jesús, la ética y otros aspectos centrales a la teología del grupo cristiano dominante. A la luz de este criterio, algunos líderes rechazaron la inclusión de algunos libros como el *Evangelio de Pedro*, el *Evangelio de Felipe*, el *Evangelio de Tomás* y otros. Sin embargo, la iglesia no adoptó una posición como tal en contra de este tipo de literatura.

## 5. Factores que aceleraron el proceso de canonización

Hubo una serie de factores que se conjugaron para crear las condiciones sociales que facilitaron la emergencia del Canon del NT y aceleraron su desarrollo y cierre.

### a. El Canon de las Escrituras Judías

Los cristianos no inventaron la idea de crear un «canon» como tal; tampoco tuvieron prisa en hacerlo. Aunque muchas de las religiones de la época no tenían como norma coleccionar documentos como fuentes de autoridad, los judíos sí. En este sentido, el cristianismo fue afortunado ya que es muy probable que los cristianos hayan sido influidos por este precedente. Jesús y sus seguidores conocían la Escritura Hebrea ya casi en su forma actual, porque la evidencia histórica parece sugerir que para finales del siglo primero (90 d.C.) el Canon de la Biblia Hebrea ya se había definido.

Más o menos dos décadas después de la destrucción del Templo de Jerusalén por los romanos, llevó a un grupo de rabinos a reunirse en la ciudad de Jamnia para discutir sobre los libros que debían conformar la escritura sagrada para el pueblo de Israel. En este concilio el canon judío quedó cerrado. Se cree entonces que los primeros seguidores de Jesús aceptaron los 39 libros de la Biblia Hebrea como «inspirados por Dios» y «autoritativos» antes de crear su propio canon cristiano. Esto es evidente por las continuas citas de pasajes del AT como «Escritura» o «Palabra de Dios» (Lc 24:44; 1 Co 15:3-5; 2 Ti 3:16).

Es muy probable que el proceso de canonización de la Biblia Hebrea haya tenido que ver con la formación del Canon del NT, pues tal vez este fue un precedente, modelo y estímulo para crear su propia colección de libros sagrados. Luego de aceptar la autoridad del AT e interpretarlo a la luz de la persona y ejemplo de Jesucristo, el próximo paso lógico pudo haber sido escoger los libros que hablaban sobre Jesús, sus discípulos y las iglesias a fin de completar «el plan divino de salvación» que se había iniciado con el pueblo judío en el AT.

### b. El Canon creado por Marción

Más o menos a la mitad del segundo siglo de nuestra era, un pensador cristiano gnóstico llamado Marción (100-160 d.C.) creó su propia lista sagrada de libros del NT. Tras rechazar el AT y asuntos como la creación, la encarnación de Jesús, la resurrección y otras doctrinas cardinales de la iglesia, Marción se quedó solamente con el evangelio de Lucas y las cartas paulinas (sin contar las pastorales). Esto es clara muestra de que en tiempo de Marción ya había discusiones sobre el Canon del NT. Pero parece ser que también fue un factor que hizo que las iglesias y los líderes de aquel entonces se apuraran para tomar una decisión al respecto. Así pues, Marción «aceleró» el proceso forzando al liderazgo cristiano a actuar. Desde este punto de vista, puede decirse que el Canon del NT —por lo menos en sus etapas iniciales— fue producto de una reacción a la acción de una persona que fue considerada «hereje» y excomulgada de la iglesia.

### c. La proliferación de falsas doctrinas

Aunque Marción fue uno de los representantes de la heterodoxia, no fue el único. Hubo otros movimientos heterodoxos como los *docetistas* (que creían que Jesús era una especie de fantasma), los *adopcionistas* (que afirmaban que Jesús fue adoptado como Hijo en su bautismo) y los *montanistas* (grupo carismático que creía en la consumación del reino de Dios entre ellos). El peligro creado por el surgimiento y crecimiento de estos y otros grupos filosófico-religiosos obligó a la iglesia institucional a demarcar su fe de forma más intencional y sistemática. Escoger una serie de documentos para conformar «el documento básico» de la iglesia fue una de las tantas estrategias para contrarrestar esta epidemia teológica y proveer a los grupos locales con algunos criterios o puntos de referencia para medir su grado y mantener la «ortodoxia».

### d. La petición del emperador Constantino

A comienzos del cuarto siglo —después de su supuesta conversión a la fe cristiana— el emperador Constantino (270-337 d.C.) puso un alto a la persecución de los cristianos autorizada por Diocleciano (245-313 d.C.) y decidió proteger al cristianismo. Como parte de esta política, Constantino pidió al historiador Eusebio de Cesarea (ca. 260-340) que creara cincuenta copias de «las Escrituras Cristianas» (aunque para ese entonces el canon del NT todavía era un asunto inconcluso, porque seguía el debate sobre la inclusión de unos pocos escritos). Es lógico pensar que esta petición de Constantino también haya contribuido a la aceleración de este proceso. Tal vez los líderes de la iglesia ligada a Roma directamente sintieron la presión de tomar una decisión cuanto antes.

### e. Mejoras en la elaboración de documentos

Como último factor, debemos recordar que las técnicas para producir y preservar literatura no se desarrollaron sino hasta el siglo cuarto d.C. No fue sino hasta este tiempo cuando los antiguos encontraron la forma de plegar hojas hechas de cuero y papiro unas con otras en una forma de códice. Anteriormente se valían de rollos u hojas sueltas de pergamino cuya extensión era limitada y no podían agrupar a tantos de ellos en un solo tomo. La sustitución de los rollos y las hojas sueltas para formar libros individuales hechos por hojas encuadernadas que permitían agrupar a más de un libro, ciertamente ayudó en la formación y distribución del Canon del NT. Esta tecnología permitió colocar escritos en uno solo por primera vez en la historia.

## 6. Etapas históricas

Como tal, el NT no se formó en un abrir y cerrar de ojos. Aunque el tiempo que llevó su creación es relativamente breve en contraste al tiempo de formación del AT (se cree que duró unos 1000 años), el NT tuvo un proceso gradual, enigmático y complejo que duró cuatro siglos, por lo menos hasta la aparición de la primera lista de 27 libros. Al inicio de la era cristiana no existió la idea o la necesidad de crear «escrituras cristianas». Jesús no tenía esto en mente, ni los apóstoles, ni sus comunidades. Las circunstancias por las que pasaron diferentes generaciones de cristianos provocaron la creación del Canon. Fue un proyecto inevitable con varios niveles de conciencia y claridad, en el que hay cinco etapas claves.

### a. El comienzo: los primeros cien años

La idea de crear una lista de libros sagrados comienza con la persona de Jesús. Su auto-comprensión como «enviado de Dios» para salvar a Israel y la humanidad, la autoridad divina que atribuyó a sus hechos y palabras, y la manera en que utilizó las Escrituras Hebreas para respaldar su mesianismo, sentaron la base y dieron el empuje no sólo para la proclamación verbal del evangelio, sino también para la producción de documentos sobre él y la constitución del NT como «Escritura Sagrada» cuatro siglos más tarde.

Sobre este precedente y modelo, los apóstoles, junto a otros líderes, basaron sus enseñanzas y autoridad, desarrollaron la idea de inspiración divina y hallaron validación entre las iglesias que se sometieron a su guía pastoral. Ya para el final del primer siglo, las enseñanzas de Cristo y de sus seguidores (especialmente la literatura paulina) se habían constituido en fuente de autoridad, aun por encima de las mismas Escrituras Hebreas. En un sentido, pudiéramos decir que la idea de «revelación divina por escrito» comenzó con la idea de «revelación divina verbal» iniciada por Jesús y retomada por sus discípulos y congregaciones.

Jesucristo es base e inspiración del proceso de canonización. Él vino para llevar al AT a su plena realización, no para abolirlo (Mt 5:17). Adoptándolo como «Sagrada Escritura», lo citó y parafraseó con frecuencia para apoyar sus enseñanzas y comprobar que era el Mesías (Mt 21:42; Mr 14:49; Lc 24:27, 32, 45; Jn 5:39; 7:38). Con base en este precedente, la iglesia apostólica hizo lo mismo (Hch 1:16; 17:2-3; 18:28; Ro 1:2; 1 Co 15:3-4). Cristo dejó en claro que sus palabras eran autoritativas y de procedencia divina (aun por encima de la Biblia Hebrea. Ver Mt 5:21-48). De allí que sus seguidores se dieran a la tarea de preservarlas. Esto lo hicieron de dos maneras: por medio de la predicación e instrucción de generación a generación (la tradición oral), y por medio de la composición de documentos (la tradición escrita).

Los eruditos creen que inicialmente los relatos sobre la persona y obra de Jesús —especialmente sus dichos— circularon de forma oral. El libro de Hechos parece sugerir este método puesto que los apóstoles se dedican a proclamar las buenas nuevas en varias zonas del mundo grecorromano. Por lo menos al comienzo, Jesús no vio la necesidad de poner por escrito sus enseñanzas como tampoco sus seguidores. En los dichos de Jesús los creyentes escucharon «la voz de Dios». En ellos hallaron «vida eterna» (Jn 6:68; Evangelio de Tomás 1), por así decirlo. Al final del primer siglo, los seguidores de Cristo citaban sus palabras como Escritura (1 Ti 5:18; cf. Mt 10:10; Lc 10:7).

Dado que la tradición oral puede olvidarse o alterarse con facilidad, el próximo paso lógico fue escribirla. Se especula que muchos de los dichos de Jesús, después de haber circulado de forma oral entre las iglesias, fueron fijados en un documento llamado *logia* («palabras» o «dichos») y en otro al que solamente Mateo y Lucas tuvieron acceso por separado, y que ha sido identificado como «Q» (del alemán *quelle*= fuente). Es posible que el evangelio apócrifo de Tomás (escrito en el segundo siglo) haya sido parte de esta práctica, pues agrupa una serie de dichos atribuidos a Jesús. Posteriormente, toda esta información fue registrada en los presentes evangelios y otros ya desaparecidos (Lc 1:1-14). Dependiendo de varias fuentes, se considera que Marcos fue el primer evangelio canónico escrito, seguido por Mateo, Lucas y Juan.

Al igual que sucedió con las palabras de Jesús, la predicación de los apóstoles pasó por un proceso similar. Al comienzo se diseminó oralmente (1 Co 11:23; 15:1-8); luego, por la necesidad de darle concreción, continuidad y para responder a las necesidades de las iglesias, los apóstoles y otros líderes se vieron obligados a poner por escrito sus enseñanzas. Con el tiempo, las iglesias se dedicaron a copiarlas y preservarlas, pues fueron de mucha utilidad para la edificación de la fe y como parte del culto. Muy rápido las enseñanzas apostólicas tuvieron aceptación entre las comunidades de fe y fueron vistas como fuente de autoridad, aunque al principio no parecen haber estado al mismo nivel del mensaje de Jesús o acerca de él.

En otras palabras, los escritores neotestamentarios hicieron una diferencia entre sus «opiniones» y «las palabras del Señor» (lo mismo parece haber sucedido con respecto al AT). Es decir, cuando escribieron, no tenían una clara auto-conciencia de la autoridad e inspiración divinas, ni una explicación sistemática de ello. Por ejemplo, Pablo separó sus enseñanzas de los mandatos del Señor (1 Co 7:10, 12; 9:14; 11:23-25; 1 Ts 4:13-18). Quizá la única excepción a esta tendencia la vemos en el autor del Apocalipsis, que enfatizó la naturaleza divina de su documento porque era una revelación que provenía del mismo Jesús y sus mensajeros.

Con el paso del tiempo comenzó a gestarse la idea de que Dios también se estaba dando a conocer por medio de los autores apostólicos, aunque éstos no lo hubieran pensado así inicialmente. Es decir, no solamente se les consideró enviados a proclamar «la Palabra de Dios» (emisarios), ahora también Dios hablaba por medio de ellos (transmisores), ya fuera oralmente o por escrito. Si Dios había inspirado a los autores y cada libro del AT era útil para forjar el carácter del cristiano (2 Ti 3:16; 2 P 1:20), entonces no era de extrañar que ese mismo Dios hubiese inspirado las obras de los autores del NT, sobre todo porque Jesús no sólo cumplió las expectativas del AT, sino que las superó. Es quizá bajo esta premisa que el autor de 2 Pedro parece considerar a las cartas paulinas como «Escritura» a la par del AT (2 P 3:15-16).

La creencia de que los escritos del NT eran «canales para la revelación divina», despertó el interés por copiar, distribuir y hacer que esos documentos llegaran a un número mayor de comunidades de fe para su beneficio espiritual, ético y cultural. Por ejemplo, aunque las cartas paulinas eran «duras y fuertes» (2 Co 10:10) y «difíciles de entender», tuvieron amplia circulación y autoridad entre los cristianos (2 P 3:15-16). De los escritos individuales y por separado se pasó paulatinamente a «grupos de documentos», que formaron colecciones. Por ejemplo, hacia el 100 d.C. apareció una lista que agrupaba las primeras nueve cartas de Pablo (desde Romanos hasta 2 Tesalonicenses), a la que más tarde se añadieron las epístolas pastorales (desde 1 Timoteo hasta Filemón).

En los primeros cien años, la autoridad divina atribuida a las enseñanzas de Jesús, y de líderes apostólicos como Pablo, fue prácticamente un hecho. El camino ya se había abierto para dar paso a un proceso de selección más específico y complicado durante los siguientes años.

## b. Se establece el «corazón» del Canon

Durante el segundo siglo los evangelios, y muchas de las cartas paulinas, fueron las primeras obras consideradas como «protoescritura». A pesar de ello, la noción de un canon cristiano todavía era rudimentaria. Curiosamente, como ya lo señalamos antes, Marción fue el primero en proponer una especie de «bosquejo de canon» que solamente tenía dos partes: a la primera sección le dio el título de «El Señor», que nada más contenía el evangelio de Lucas; a la segunda parte la llamó «El apóstol», bajo la cual colocó las epístolas paulinas (excepto las pastorales). A pesar de este singular esfuerzo, el concepto de «Escritura Sagrada» se siguió aplicando casi exclusivamente al AT.

Para el segundo siglo, la persona y las enseñanzas de Jesús continuaron siendo la fuente de máxima autoridad para los cristianos, aunque también se tuvo a Pablo en muy alta estima. El libro de Hechos fue citado ocasionalmente junto con otros con mucho menos frecuencia, consistencia y autoridad. Los evangelios de Mateo, Marcos, Lucas y Juan ya habían circulado de forma oral y por escrito, y se habían arraigado en las iglesias. Estos libros adquirieron esa posición entre las comunidades de forma individual y por separado, y no como grupo. Al parecer, las iglesias no conocían múltiples evangelios. No obstante, en la medida en que los cuatro evangelios tuvieron una más amplia circulación y aparecieron otros «evangelios», las iglesias comenzaron a familiarizarse con los primeros y a cuestionar la legitimidad de muchos de los otros.

El arraigo y popularidad de Mateo, Marcos, Lucas y Juan no fueron definitivos. Tampoco lo fue su forma y contenido. Si bien es cierto que muchas comunidades cristianas fundamentaron sus creencias en los dichos de Jesús contenidos en estos evangelios, esto no excluyó la amplia circulación de otras interpretaciones literarias sobre la vida y obra de Jesús. El mensaje de salvación (el evangelio) siguió siendo relativamente el mismo, pero su contextualización lo llevó a tomar formas diferentes (y por eso se hablaba de los evangelios, o el evangelio de acuerdo a). Así surgieron nuevas versiones acerca de Jesús y se les consideró como fuentes de autoridad y pertinentes para la adoración.

Clemente de Alejandría (150-215 d.C.), por ejemplo, dio autoridad al *Evangelio de Hebreos* y al *Evangelio de los Egipcios*, ahora perdidos. En Siria, el *Evangelio de Pedro* fue muy popular por un tiempo, hasta que Serapión (190 d.C.), obispo de Antioquía, prohibió su uso (aunque al principio no había puesto objeción alguna). Algunos de estos documentos se perdieron y otros sobrevivieron en forma fragmentaria: el Diálogo del Salvador, el Apócrifo de Juan y el Evangelio Desconocido; el evangelio apócrifo de Tomás es la excepción. Es posible que las iglesias hayan utilizados otros evangelios que para nosotros ahora son desconocidos. Por otra parte, debemos recordar que el texto de muchas secciones de los cuatro evangelios que hoy tenemos todavía no era fija ni final. Las muchas copias que se hicieron en esta, y épocas posteriores, revelan diferentes esfuerzos por editar el contenido de Mateo, Marcos, Lucas y Juan. Por alguna razón los escribas cristianos creyeron que los evangelios escritos podían ser «revisados» y «explicados» por medio de notas al margen.

La referencia más temprana a los presentes evangelios nos viene de Papías (60-130 d.C.) obispo de Hierápolis, en Asia Menor. A pesar de su predilección por la tradición oral, este obispo estuvo familiarizado con los evangelios de Marcos y Mateo y reconoció su autoridad y vínculo con los apóstoles. Según él, Marcos escribió su evangelio siendo intérprete de Pedro y Mateo, escrito en hebreo, donde coleccionó los dichos de Jesús. El escritor de 2 Clemente (carta escrita en nombre del famoso obispo de Roma) a finales del siglo segundo cita un texto de Mateo como «Escritura» (2 Cle 2,4; Ber 4:14; Mt 9:13; cf. 2 Cle 14,1; Mt 21:13); también Bernabé cita a Mateo (Ber 4,14). El evangelio de Juan ya se conocía en Egipto por el año 125 d.C., y fue muy popular entre maestros gnósticos como Basílides, Ptolomeo y Heracleo.

Justino Mártir (100-165 d.C.), ejecutado en Roma en el 160 d.C., fue el primero en citar a los cuatro evangelios como un todo. Se refirió a ellos como «las memorias de los apóstoles» (Apol. I, 66:3;

67:3). Aunque para él estos documentos no eran «Escritura», sí reconoció su origen apostólico y los valoró como fuentes de información histórica sobre Jesús. Por otro lado, cerca del 170 d.C., Taciano de Siria mezcló los cuatro evangelios en su llamado *Diatesarón* («a través de los cuatro»). Se cree que este documento —ahora perdido— fue utilizado por la iglesia siríaca durante dos siglos en sus cultos. En la zona de lo que hoy es Francia, en el 185 d.C. Ireneo de Lyons (130-200 d.C.) defendió la necesidad de utilizar los cuatro evangelios solamente (Mateo, Marcos, Lucas y Juan) que aparentemente habían circulado como anónimos por mucho tiempo hasta que se les asignara sus títulos formales (cerca de cien años después de haber sido escritos). En *Contra las Herejías* (3.11.8-9), Ireneo comparó a los evangelios con «los cuatro seres vivientes» de Ezequiel 1:5-12 (cf. Ap 4:6-9), también citó varios pasajes de las cartas de Pablo, especialmente de las pastorales, consideró como autoritativa 1 de Clemente y al Pastor de Hermas como Escritura. En realidad Ireneo fue el primero en clasificar como «Escritura» a lo que en ese entonces parecía ser el NT. Para él las Escrituras son «perfectas» ya que han sido emitidas por la Palabra de Dios y su Espíritu.

Muchos autores cristianos del segundo siglo estaban familiarizados con las cartas de Pablo y las citaron para respaldar sus argumentos. No sabemos cuántas de sus cartas se conocían o si existía una colección de ellas como tal. Con todo, junto a los evangelios, las cartas paulinas fueron reconocidas como autoritativas entre las iglesias. Aunque también encontramos unas pocas referencias a las pastorales, éstas tendrán que esperar un siglo más para ser aceptadas. El impacto de Pablo no debe minimizarse. Porque si fue muy importante para la expansión de la fe del cristianismo primitivo, su papel en la formación del Canon fue aun mayor. No debemos olvidar que, a pesar de no haber sido uno de los discípulos originales de Jesús y de haber tenido ciertas diferencias ideológicas con ellos, y especialmente con Pedro, se le atribuye la paternidad de más de la mitad de los libros del NT. Por ejemplo, para Clemente, obispo de Roma, Pablo escribió a los corintios inspirado por Dios (1 Cle 5,1-7; 47, 1-7). Ignacio (ca. 31-107), obispo de Antioquía y mártir bajo el reinado del emperador romano Trajano, reconoce la autoridad apostólica de Pablo (A los romanos 4,3), cita los pensamientos del apóstol de casi todas sus cartas (A los efesios 10,1-2; 18,1-2; 19,3;

a los esmirniotas 1,1; a los filadelfos 2,1). Por otro lado, en Policarpo de Esmirna (ca. 70-155), discípulo del apóstol Juan, encontramos claras referencias a las cartas paulinas (A los filipenses 1,3; 4,1; 5,3; 6,1-2), y dice que Pablo enseñó «palabra de verdad» (A los filipenses 3,1-3; cf. 9,1). Algo curioso es que las enseñanzas de Pablo fueron más populares entre los gnósticos. Además de Marción, Basílides (que enseñó en Alejandría durante el reino de Adriano en el 117-138 d.C.) y Valentín (que vino de Egipto y enseñó en Roma en el 135-165 d.C.) hacen referencias a las epístolas de Pablo.

Con los evangelios y las cartas de Pablo prácticamente se había formado «el corazón» del Canon del NT. Documentos como Apocalipsis, Hechos, Hebreos y las epístolas universales fueron citados pero muy poco. Estos tendrían que esperar uno o dos siglos más para su aceptación entre las iglesias y su inclusión en el Canon. Otros libros cristianos fueron valorados pero utilizados en mucho menor proporción (1 Clemente, la Epístola de Bernabé, el Apocalipsis de Pedro, el Pastor de Hermas, la Enseñanza de los Doce, el Evangelio de los Hebreos, etc.). La paradoja es que los libros que terminaron conformando el Canon del NT tuvieron muchos problemas para lograrlo, mientras que libros que tuvieron aceptación al principio —por lo menos en ciertos círculos— con el tiempo fueron excluidos.

### c. La lista crece y se diversifica

Durante el siglo tercero se añadieron otros libros al «corazón» del proto-canon del NT. Se abrieron espacios casi definitivos para Hechos, 1 Juan y 1 Pedro. Mientras que Hebreos, Santiago, 2 y 3 Juan, 2 Pedro, Judas y Apocalipsis siguieron siendo disputados. Como en el período anterior, hubo también unos cuantos escritos a quienes una minoría consideró de sumo valor, pero fuera del creciente consenso eclesiástico.

Además de aceptar a los cuatro evangelios y las epístolas paulinas (a las que se añadió Hebreos, creyendo que Pablo era su autor), Clemente de Alejandría (ca. 150-216), por ejemplo, citó a 1 Pedro, 1 y 2 Juan, Judas y Apocalipsis. Sorpresivamente también catalogó como de inspiración y autoridad divina a la Enseñanza de los Doce, a 1 Clemente, la Epístola de Bernabé, el Pastor de Hermas, la

Predicación de Pedro y el Apocalipsis de Pedro. Por otra parte, también utilizó el Evangelio de los Egipcios, el Evangelio de los Hebreos y un apócrifo de Mateo. Tertuliano de Cartago (ca. 155-220), que fue el primero en utilizar la nomenclatura «Antiguo Testamento» y «Nuevo Testamento», además de reconocer a los cuatro evangelios, todas las cartas atribuidas a Pablo y el libro de Hechos, también aceptó a 1 Juan, 1 Pedro, Judas y Apocalipsis. También mencionó a Hebreos, pero la atribuyó a Bernabé; y aunque al principio aceptó al Pastor de Hermas, luego lo rechazó.

De acuerdo a la información provista por Eusebio de Cesarea en su Historia Eclesiástica (6.25), Orígenes de Alejandría (ca. 185-254) consideró como libros reconocidos a los cuatro evangelios, Hechos, todas las cartas paulinas, Hebreos (aunque cuestionó la autoría paulina), 1 Juan, 1 Pedro, Judas y Apocalipsis. Bajo los disputados colocó a Santiago, Judas, 2 Pedro, y 2 y 3 de Juan. También se cree que citó a la epístola de Bernabé, el Pastor de Hermas, los Hechos de Pablo, las Enseñanzas de los Doce, 1 Clemente y algunas fuentes no tradicionales en relación a Jesús (el Evangelio de Pedro y el Evangelio de los Hebreos). En la iglesia de Occidente, Hipólito de Roma (170-235 d.C.) utilizó como Escritura los cuatro evangelios, las cartas de Pablo, Hechos, 1 Pedro, 1 y 2 Juan y Apocalipsis. Además, defendió a este último y al evangelio de Juan en contra de los críticos. Pero también consideró inspirados a Hebreos, el Pastor de Hermas, el Apocalipsis de Pedro, los Hechos de Pablo, Santiago, Judas y 2 Pedro (el primer escritor en mostrar conocimiento de este libro).

En parte, la iglesia de Oriente debatió la inclusión de Apocalipsis, por su falta de clara conexión apostólica, claridad sobre su autor, la dificultad de su lenguaje y marcadas diferencias con respecto a las cartas juaninas. Los comentarios de Dionisio, obispo de Alejandría, tuvieron mucho que ver con el rechazo de este libro (Historia Eclesiástica 7.25). En las iglesias de Siria, Apocalipsis nunca adquirió estatus de canónico. En la iglesia de Occidente sucedió algo similar con el libro de Hebreos, que fue rechazado casi hasta finales del cuarto siglo. Aunque el asunto de su autoría tuvo que ver con ello, al parecer fue el contenido teológico de Hebreos lo que incomodó a muchos, sobre todo por su enseñanza de que no había «una segunda oportunidad» para quienes hubiesen pecado después del bautismo (algo contrario a la teología de «la penitencia» ya desarrollada por la iglesia).

## d. El Canon se cierra

Añadir 2 de Pedro, 2 y 3 de Juan, Judas, Santiago, Hebreos y Apocalipsis a la lista ya relativamente formada se resolvió gracias a la participación de teólogos y asambleas eclesiásticas claves durante el cuarto siglo. Sin embargo, este consenso oficial no selló el debate ni eliminó legítimos esfuerzos por reincorporar literatura excluida o cuestionar la inclusión de unos pocos documentos en el Canon. Por lo menos existían dos partidos claramente identificados: la iglesia oriental y la iglesia occidental. Así pues, como la iglesia no era uniforme todavía en ese entonces, tampoco era unánime en cuanto al asunto del Canon. Cinco libros, que en algún momento gozaron de popularidad en ciertos círculos, no lograron formar parte de los 27: Hechos de Pablo, el Pastor de Hermas, el Apocalipsis de Pedro, la Epístola de Bernabé y la Enseñanza de los Doce.

El Canon Muratoriano —la primera y más antigua lista oficial de libros del canon de la iglesia en general y de la comunidad de Roma en particular— nos muestra que el Canon del NT era un proyecto que cada vez se acercaba más a su clausura. Este canon contenía 24 libros: los cuatro evangelios, Hechos, las trece cartas paulinas, Judas, 1 y 2 Juan, Sabiduría de Salomón, Apocalipsis y el Apocalipsis de Pedro. Como podemos ver, esta lista excluía cinco libros que después recibieron estatus canónico (Hebreos, 1 y 2 Pedro, 3 Juan y Santiago), un libro que fue parte de la versión griega de la Biblia Hebrea y considerado apócrifo del AT (Sabiduría de Salomón), y una revelación apostólica del infierno (Apocalipsis de Pedro), y que no llegaron a formar parte del Canon del NT.

Escribiendo a mediados del siglo cuarto, el historiador Eusebio de Cesarea (ca. 260-340) notaba que la iglesia aún estaba dividida sobre el asunto del Canon e indicó que había tres categorías básicas de libros: los reconocidos, los disputados y los rechazados o heréticos. En los primeros, Eusebio colocó los cuatro evangelios, Hechos, las cartas paulinas, Hebreos (aunque esta última era disputada en la iglesia de Roma) 1 Juan y 1 Pedro. Bajo el segundo, ubicó a

Santiago, Judas, 2 Pedro, 2 y 3 Juan e incluso los Hechos de Pablo, el Pastor de Hermas, el Apocalipsis de Pedro, la Epístola de Bernabé y la Enseñanza de los Doce. Al parecer, el Apocalipsis podía pertenecer tanto a la lista de «aceptados» como a la de «disputados». Bajo la última categoría, Eusebio colocó al Evangelio de Pedro, Tomás, Matías, los Hechos de Andrés, los Hechos de Juan y otros apóstoles (Historia Eclesiástica 3.25).

Después de mucha discusión y movimientos políticos, la controversia desembocó en un consenso oficial. Una serie de eventos sucesivos en varias regiones llevaron a este momento clave. En el 363 d.C., el Concilio de Laodicea determinó que la lectura de 26 libros en las iglesias —excepto Apocalipsis— era provechosa para ellas (aunque algunos tuvieron problemas con Hebreos). El obispo Atanasio de Alejandría, en su carta pastoral a las iglesias de Egipto (367 d.C.) en la celebración de la resurrección, y para contrarrestar la influencia de escritos heréticos, afirmaba que los 27 libros que pertenecían al NT eran divinamente autorizados. Ésta es la primera referencia histórica al número de libros que nuestro NT contiene. Sin embargo, curiosamente menciona que el Pastor de Hermas y la Enseñanza de los Doce eran útiles para la instrucción religiosa.

No fue sino hasta que se llevaron a cabo los sínodos de Roma en el 382, el de Hipona en el 393 d.C. y el de Cartago en el 397 d.C., que la lista del NT se cerró. Este último estableció que ningún otro libro, además de los 27 ya seleccionados y aprobados, podía leerse como Escritura Divina. No obstante, también permitió el uso del documento Martirios en los cultos, para que se recordara a quienes habían sido fieles hasta la muerte. Esto refuerza la idea de que el Canon tardó tanto tiempo en formarse porque existían muchos y diferentes estilos de adoración y de libros que ayudaban más que otros a ello. La influencia de Agustín de Hipona (354-430 d.C.) fue cardinal en estas asambleas.

El consenso no fue definitivo pues las diferencias de opinión sobre el Canon continuaron. Los obispos Juan Crisóstomo de Constantinopla (344-407 d.C.) y Teodoreto de Ciro (393-?) no utilizaron 2 y 3 de Juan, 2 de Pedro, Judas y Apocalipsis. Ambrosio de Milán (339-397 d.C.) rechazó Santiago, Judas, 2 de Pedro, y 2 y 3 de Juan. Hilario de Poitiers (315-367 d.C.) hizo lo mismo con Santiago. La lista de libros Momsen (llamada así por su descubridor) que data del 359 d.C., sólo incluía 1 y 2 de Pedro, y las tres cartas de Juan. Tanto Cirilo de Jerusalén (315-387 d.C.) como Gregorio de Nacianzo (330-390 d.C.) solamente excluyeron a Apocalipsis de sus listas. El *Códice Sinaítico* (ca. siglo cuarto), además de ser el más temprano y completo manuscrito del NT y contener los 27 libros que terminaron siendo aceptados como canónicos, agrega la Epístola de Bernabé y la del Pastor de Hermas. Curiosamente, en la lista del manuscrito escrito en latín y griego del siglo sexto, conocida como el Códice Claromontano, encontramos 30 libros considerados como «Sagrada Escritura» (lista que posiblemente se deriva del cuarto siglo). Además de enumerar la mayor parte de los libros del NT y todas las cartas universales, este códice añade la Epístola de Bernabé, el Pastor de Hermas, los Hechos de Pablo y el Apocalipsis de Pedro (que fueron omitidos en el canon final). A comienzos del siglo quinto, en el *Códice Alejandrino* aparecían 1 y 2 de Clemente. Lo mismo sucedió en Las Constituciones Apostólicas, pero omitió Apocalipsis. Lo extraño del caso, y en claro desafío a los concilios de las iglesias occidentales, es que el Concilio de Constantinopla reafirmó esta última lista (691 d.C.). En la lista del llamado Canon Cheltenham —que posiblemente se originó en el norte de África por el 360 d.C.— se incluyen casi todos los libros del NT excepto Hebreos, Santiago y Judas. A pesar de estas diferencias de opinión, para finales del cuarto siglo el Canon del NT era ya un hecho.

### e. Ratificación del consenso desde la Edad Media hasta la Reforma

La decisión a la que se llegó a finales del cuatro siglo prácticamente se constituyó en «la norma» que rigió hasta la Edad Media. Nuevas interrogantes y cuestionamientos surgieron con la Reforma Protestante. La naturaleza y autoridad divinas, la autoría y la teología de algunos libros bíblicos fueron evaluadas críticamente. El monje Martín Lutero, por ejemplo, si bien aceptó la utilidad de libros como Hebreos, Santiago, Judas y Apocalipsis, también dudó de su canonicidad por la falta de claridad respecto a su origen apostólico.

Fue en respuesta a planteamientos como estos que el Concilio de Florencia (1441) ratificó los 27 libros del NT, y en el de Trento (1546) finalmente se decretó su carácter divino y normativo. Las comunidades ortodoxas griegas, sin embargo, tuvieron que esperar hasta el Sínodo de Jerusalén (1672) para llegar a la misma conclusión que sus hermanos en las iglesias de Occidente. Esta última asamblea puso el sello final a la discusión sobre el Canon del NT en la historia de la iglesia universal.

A partir de aquel entonces podemos decir que católicos, protestantes y ortodoxos han aceptado que sólo 27 documentos constituyen la lista oficial de libros sagrados de la segunda parte de la Biblia cristiana. Sin embargo, no ha habido un concilio o reunión oficial de todas las denominaciones cristianas en que se haya reafirmado la canonicidad de los 27 libros del NT en una sola declaración universal de fe. Cada grupo cristiano por separado ha ratificado la naturaleza y función del Canon en sus constituciones y credos respectivos.

## 7. Características del Canon del NT

Como hemos podido ver, la canonización del NT surgió a pesar de conflictos y diferencias de opinión. Fue fruto de un proceso relativamente regular, a la vez confuso e interesante, que se dio de forma ascendente (desde las comunidades de fe hacia la jerarquía) pero también de manera descendente (desde la jerarquía hacia las comunidades de fe). Así que a las iglesias les tomó muchos años para llegar a su conclusión. Al final la proto-ortodoxia prevaleció. Desde esta perspectiva, entonces, el Canon del NT es «creación de la iglesia». Ahora bien, como producto final, las siguientes características definen su naturaleza, extensión y función.

### a. Solamente 27 libros son aceptados por la Iglesia

A pesar de muchos esfuerzos contemporáneos por hacer del Canon del NT «una lista abierta» (que se pueda añadir otra literatura cristiana temprana debido a su importante valor histórico, literario y religioso, o documentos que en algún momento fueron considerados como canónicos durante el proceso) este número ya es definitivo e indiscutible. Ningún libro puede ser agregado o quitado.

### b. No existe un canon alternativo

Aparte del NT no existe otra lista oficial de libros que tenga el mismo valor y función en la historia de la iglesia. Sin embargo, esos libros excluidos son testimonio vivo y valioso de la fe cristiana en sus multiformes expresiones y vale la pena estudiarlos para comprender el impacto global que Cristo ejerció en la sociedad de aquel entonces.

### c. El contenido de los libros aceptados es normativo para la fe y la práctica de la iglesia.

A pesar de las diferencias que suelen existir entre denominaciones o confesiones cristianas en cuanto a la interpretación y aplicación del NT, por siglos los cristianos de diferentes culturas y épocas han fundamentado sus creencias, valores, teología, ética, ministerio y misión sobre lo que proveen estos 27 libros. La voluntad de Dios y su interpretación fundamental se expresan en estos documentos y no en otros fuera de la Biblia.

### d. La época en la que se originaron es relativamente la misma

Si bien es cierto que es muy difícil fechar la composición de los libros del NT con absoluta precisión, por lo general se cree que dichos documentos fueron producidos y editados más o menos en un período de entre cincuenta años (50 a 100 d.C.), o hasta cien (50 y 150 d.C.). Por encima de cuanto haya durado, este tiempo es muy breve en comparación con la creación del AT, que se llevó más o menos mil años.

## Capítulo 6
# *Para leer el Nuevo Testamento: Principios y estrategias prácticas*

$\mathcal{L}$eemos el NT por infinidad de motivos. Que Jesús sea el personaje central del cristianismo, es justificación suficiente para estudiar el NT. Quienes trabajan en el campo de las religiones comparadas acuden a este documento para profundizar su conocimiento sobre una de las religiones más populares del mundo. A quienes les gusta la historia, el NT presenta el origen y desarrollo del cristianismo. Los amantes de la cultura y la literatura acuden a sus páginas para «beber» de ella. Las comunidades cristianas acuden al NT para alimentar su fe. Los activistas y organizaciones populares buscan en sus páginas inspiración para sus proyectos de transformación social. A un nivel más personal, la gran mayoría se acerca al NT en busca de respuestas a las preguntas fundamentales de la vida. Por eso notamos claras diferencias en la forma de estudiarlo dentro del contexto de la iglesia, el pueblo, el seminario o la universidad. Pero sea cual sea la razón que nos motive a leer el NT, es importante saber hacerlo. La pregunta es ¿cómo?, es decir, ¿cuál es el mejor método? A continuación presentamos algunas sugerencias que esperamos sean de ayuda.

## 1. Tres mundos y tres principios

La interpretación de la Biblia ha sido uno de los más interesantes retos en la historia de la iglesia. Se ha dicho que una de las pocas cosas que todos los cristianos compartimos es la apreciación y aceptación de los 27 libros que forman el NT, y que lo que nos separa es la interpretación y apropiación que hacemos de ellos. La diversidad que se nota en los libros del NT, de la que ya hemos hablado, aunada a las diferencias presentes en los lectores, hace necesario que elaboremos sobre los métodos de interpretación bíblica.

Hoy día contamos con una amplia variedad de acercamientos al NT. A partir del siglo dieciocho, y como fruto de la época del Iluminismo, contamos con tres maneras de leer la Escritura a las que se les ha llamado «mundos de significado». Algunos apuntan al *trasfondo social* de los textos bíblicos y los *eventos históricos* que los forjaron. Otros se enfocan en la información contenida *en los textos mismos* como producto acabado. Finalmente, hay métodos que prestan atención al *contexto social de quien lee* la Biblia y buscan la relevancia actual del texto bajo esta luz. A la primera área la llamamos «el mundo detrás del texto», a la segunda «el mundo dentro del texto» y a la tercera «el mundo delante del texto». Esto lo podemos ilustrar de la siguiente manera:

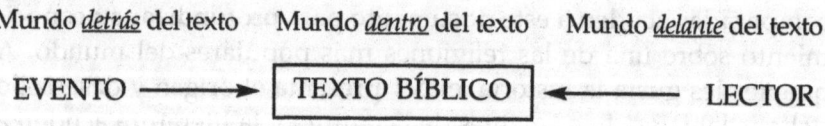

Mundo _detrás_ del texto    Mundo _dentro_ del texto    Mundo _delante_ del texto

EVENTO ⟶ TEXTO BÍBLICO ⟵ LECTOR

Si es necesario considerar los tres mundos arriba señalados para estudiar mejor el NT, entonces ¿qué principios podemos formular a partir de ellos para que nos sirvan de guía en nuestra lectura de la Escritura?

### a. El mundo detrás del texto

El principio aquí es que el contexto del texto bíblico interpreta al texto bíblico. La interpretación de la Biblia no se limita a lo que nos presenta en la superficie, es decir, las palabras que leemos. Hubo fuerzas sociales detrás del texto que sirvieron como matriz de significado para los autores, los lectores originales del documento y para el resto de la población. Así que cuando leemos el NT estamos leyendo algo que fue producto de su medio ambiente. Así pues, es necesario estudiarlo a la luz de su trasfondo histórico-social. De otra manera lo vaciaríamos de su pertinencia original. Así pues, el contexto bíblico es crucial para entender el texto bíblico.

Los métodos agrupados bajo esta primer área destacan todo lo concerniente al origen, el desarrollo, la creación y los significados de los textos bíblicos dentro de su ambiente social. Así, leer la Biblia implica entender y explicar todos aquellos factores que influyeron y llevaron a los autores bíblicos a poner por escrito sus ideas (el texto como producto); hay que precisar la historia antes de la formación del texto bíblico a partir de las «pistas» que la misma Biblia suministra (historia pre-texto). Al mismo tiempo supone explicitar lo que el texto bíblico significó para sus autores y lectores originales en ese momento.

Así pues, el intérprete actual debe ir «detrás» del texto a fin de reconstruir su trasfondo y poder comprenderlo mejor. Es algo así como realizar una arqueología del texto, en la que se «desentierra» al autor, su mundo e historia. Es como mirar a la Escritura por medio de una ventana y detallar lo que está detrás de ésta. Por esta razón algunos prefieren llamar a esto «métodos centrados en el autor».

Aquí los estudiosos unen esfuerzos para explicar la historia de la formación y transmisión de los manuscritos bíblicos (sobre los que se basan nuestras traducciones contemporáneas). Es decir, hacen uso de muchos manuscritos para reconstruir un «texto matriz» cercano a lo que pudo haber sido el «texto original». Para tal fin se desarrollaron criterios metodológicos sobre la forma de escribir y copiar manuscritos en la antigüedad, al igual que el uso del sentido común y las probabilidades (*crítica textual*). No se puede interpretar la Biblia a menos que existan textos para interpretar, sean estos escritos en los idiomas originales o traducidos a otros.

Una vez que se tiene el texto bíblico reconstruido, se procede a identificar las posibles líneas de pensamiento o tradiciones (orales o escritas) de donde el autor de un texto bíblico dado pudo haber tomado (o modificado) sus ideas en el texto que finalmente escribió (*crítica de fuentes*). Sin embargo, con el correr de los años y el paso de un contexto a otro, las tradiciones de las que los autores bíblicos dependieron para escribir sus mensajes atravesaron por un proceso en el que cambiaron de significado dentro y fuera de la Biblia (*crítica de la historia de la tradición*); es decir, no fueron estáticas.

De particular importancia fue el cambio que se dio de «tradición oral» a «tradición escrita», y la forma o género literario que el texto o mensaje bíblico adquirió luego de un largo y complejo proceso de creación, modificación y edición de sus ideas a la luz de nuevas circunstancias sociales (*crítica de formas*). Como parte de este proceso, que se enfoca en el origen y desarrollo de las tradiciones, también se presta atención a la manera en que un autor utiliza la información en el texto bíblico. Por eso es importante concentrarse en su trabajo redaccional o editorial. No es sólo lo que el autor escribe, sino también la manera en que presenta la información y lo que todo esto tiene que decir sobre su teología y propósito al escribir (*crítica de la redacción*).

Dado que constantemente se hace referencia a personajes y eventos histórico-políticos, circunstancias socio-económico-culturales, aspectos religioso-filosóficos, fechas y lugares geográficos especiales en un contexto concreto y distante del nuestro, para entender mejor los textos bíblicos se hace imprescindible determinar la veracidad de esa información y el significado de ellos a la luz de todo lo anterior (*crítica histórica* o del *trasfondo social*). Este acercamiento nos ayuda a clarificar lo que el autor quiso decir y de qué manera los destinatarios pudieron haber entendido su mensaje.

Finalmente, dado que cumplió funciones históricas específicas en la comunidad de creyentes que los copió, compiló, preservó e interpretó, y que la Biblia es una colección de documentos que reflejan una fe religiosa, entonces debemos verla como Escritura Sagrada e interpretarla como un todo y producto final (*crítica canónica*). Esto es muy notorio en pasajes individuales de la Biblia que se utilizan para interpretar otros textos (por ejemplo, la interpretación cristológica del AT).

## b. El mundo dentro del texto: El texto bíblico interpreta al texto bíblico

No podemos hacer una lectura acertada del NT a menos que tomemos en consideración el contenido del texto bíblico y la manera en que éste se presenta y se explica. Por eso hay que prestar atención a las palabras, la gramática y la sintaxis del texto; también al estilo y medios de comunicación empleados. Acceso al idioma original es ideal aunque no siempre posible para el lector promedio. Ya que todo discurso es un universo de significado, todos los términos forman parte de la misma red, se influyen unos a otros y posibilitan la existencia de significados. No todos podemos ser expertos, pero sí podemos ser mejores lectores si nos disciplinamos en la aplicación de este segundo principio vital.

Si el foco principal en el apartado anterior fue el mundo detrás del texto, ahora el énfasis es hacia el texto mismo y su complejo universo de relaciones y significados. Aquí el intérprete concentra su energía en entender y explicar el producto tal y como está, y ya no tanto la forma en que se produjo. Es decir, lo que el autor bíblico intentó comunicar puede descubrirse en las palabras del mismo texto. Sin embargo, también existen significados dentro del texto que van más allá del propósito del autor, pues, en cierta medida, el texto ya no está bajo el control de su autor y de alguna manera se ha convertido en un ente autónomo o independiente. Bajo esta categoría normalmente colocamos los métodos «centrados en el texto».

Dentro de sus linderos, el intérprete busca comprender y explicar el idioma original de la Biblia, al igual que los elementos que conforman el texto bíblico como discurso (palabras, frases, oraciones, párrafos, etc.) y los significados de cada uno de ellos. A esto lo llamamos *crítica gramatical*. Considerando que los textos de la Biblia son expresiones concretas del lenguaje, y que, conforman un complejo sistema de relaciones, valores y significados, el lector también indaga sobre el sentido de cada uno de estos elementos y del texto como un todo. Aquí lo importante es saber qué significa el texto y cómo se comunica este significado al lector; para ello hacemos uso de la crítica semiótica o estructuralismo. A la par de este enfoque, también tenemos la *crítica retórica* que da especial atención al estilo, imágenes, artificios literarios, estrategias de persuasión y organización que usó el autor para comunicar más eficazmente sus ideas en el contexto particular de los lectores originales. A través de la *crítica literaria* se busca entender el contenido, la forma y el propósito de los géneros literarios empleados. Para ello se examinan los diversos medios de comunicación que utilizan los seres humanos para comunicar sus ideas.

### c. *El mundo delante del texto: El contexto del lector ilumina la interpretación del texto bíblico y su contexto*

No leemos el NT desde un vacío, sino desde nuestra propia ubicación social como latinos y en una época diferente. Esta realidad se convierte en los «lentes» por medio de los cuales filtramos la información provista por los textos bíblicos, ya sea para complementarla, ignorarla por su irrelevancia, o para aplicarla. Es decir, por lo general cada vez que estudiamos un pasaje bíblico vamos a identificar aspectos que tendrán sentido para nosotros en ese momento y le daremos curso (continuidad); en otras ocasiones nos daremos cuenta de que habrá ideas que no van de acuerdo con nuestra visión del mundo y ello provocará discontinuidad (interrupción de, o confrontación con esas ideas).

Además de los ya mencionados, existen métodos cuya finalidad es comprender y exponer lo que sucede en el lector y en su experiencia al leer desde su propio contexto histórico-social, y no al averiguar lo que pasa detrás o dentro del mismo texto bíblico. Aquí se enfatiza la manera en que recibe y procesa la información bíblica el intérprete que está en una ubicación social diferente y años más tarde. En otras palabras, la comprensión de la Biblia se da en una especie de diálogo entre el horizonte bíblico y el horizonte del lector cuya fusión genera sentido en y para el intérprete. La Biblia es como una casa de espejos en la que se reflejan ideas, valores, eventos y patrones de conducta similares a los de hoy. Al estudiarla no sólo aprendemos del pasado, sino también de nosotros mismos. Cuando la Escritura se interpreta desde este ángulo, abrimos caminos para la aparición de multiplicidad de lecturas, todas iluminadas por las coloridas experiencias humanas. El tipo de lectura que opera de esta manera da origen a lo que llamamos «métodos centrados en el lector».

Al leer la Biblia de esta manera, pasa al centro del escenario lo que el lector contemporáneo percibe y la manera en que reacciona al entrar en diálogo con los textos sagrados. Con la crítica lector-respuesta de cierta manera nos damos cuenta de que la experiencia colorea (y hasta determina) lo que el intérprete observa y procesa en su conversación con el texto bíblico. Por otro lado, ya que nuestro conocimiento de la realidad (inclusive el de la Biblia) es generado por una compleja relación entre quien conoce (subjetividad) y lo que se conoce (objetividad) en un contexto dado, los textos bíblicos siempre deben considerarse como una construcción o producción social. Esto quiere decir que nuestro entendimiento de la Biblia siempre nos llega ya interpretado y que, por ser específico y contextual, es incompleto y relativo. Por tanto, es aconsejable hacer uso de la *crítica deconstructiva*, que nos ayuda a cuestionar las «ideas absolutas» y mirar la realidad desde puntos de vista que antes no se habían tomado en cuenta.

La lectura de la Biblia siempre es una experiencia transcultural. Por cuanto los seres humanos siguen patrones de conducta semejantes a lo largo de la historia y en diferentes contextos, es posible diseñar y utilizar «modelos» y «teorías» actuales para entender mejor la cultura bíblica (ideas, valores y comportamiento) y viceversa. Para lograr esto, la *crítica socio-científica*, con su enfoque en la sociología y la antropología cultural, es de vital importancia. Por otro lado, en la Biblia hay muchos relatos e historias, cuya estructura literaria sigue ciertos patrones semejantes a las narrativas modernas (trama, personajes, tiempo, lugar, circunstancias, punto de vista, ideología, etc.). En vista de ello, y para mejorar nuestra comprensión de cómo las ideas fluyen y son recibidas por los lectores bíblicos y contemporáneos, es saludable hacer uso de la *crítica narrativa*, porque ésta nos ayuda a identificar y explicar el género del relato y la interrelación de los elementos que lo conforman.

No puede comprenderse el mundo actual ni el antiguo a menos que analicemos a fondo las relaciones de poder y las estructuras que han subyugado a muchas personas. La *crítica liberacionista* parte de situaciones contemporáneas de explotación, marginalización, opresión y exclusión, y relaciona lo que la Escritura dice con el sufrimiento que muchos pueblos han tenido a lo largo de la historia. Es decir, hacen una relectura de la Biblia a partir de la experiencia y, con la ayuda de las ciencias sociales, articulan lineamientos de fe y acción para defender su causa y propiciar cambios sociales. Usando este método, por ejemplo, se pueden analizar las características de los imperios dentro y fuera de la Biblia (también llamada *crítica colonial o post-colonial*) y el lugar y rol de las mujeres dentro de sociedades patriarcales (que es una aportación de la llamada *crítica feminista*).

Todos los métodos clasificados pedagógicamente bajo estos «mundos de significado», y como sus mismas historias y enseñanzas lo demuestran, ilustran el hecho de que la interpretación de la Biblia está abierta al dinamismo de la vida, que no tiene un significado final, cerrado y absoluto. Además, puesto que cada individuo y generación cristiana se han apropiado de las enseñanzas de la Biblia de maneras diferentes, podemos concluir que nunca se agota ni el sentido ni la pertinencia de las Escrituras. Además de que dichos métodos no se excluyen mutuamente, tampoco pueden operar eficazmente prescindiendo del otro, más bien, se complementan. Es posible que sus resultados entren en conflicto ocasionalmente, pero con más frecuencia cada uno de ellos integra o se basa en las contribuciones hechas por los otros. Sin embargo, no se puede decir que alguno sea mejor que el otro. Debemos aprovechar lo bueno que cada uno aporta. Así que debemos entender que, por ser fruto de la creatividad y experiencia humanas, ningún método es perfecto: todos abren nuevas posibilidades, pero también tienen sus grandes limitaciones. Finalmente, aunque retienen matices muy particulares, necesitamos enfatizar que estos acercamientos tienen una fuerte dosis interdisciplinaria.

Por cuanto el NT es una colección sagrada de documentos histórico-religiosos que jugaron un papel preponderante en la historia del cristianismo temprano, debemos esforzarnos por entenderlo, no sólo por lo que estos significaron y comunicaron a sus destinatarios hace dos mil años, sino también por lo que estos documentos significan y nos comunican en el presente. Mientras que en el primer movimiento vemos al NT a través de una ventana concentrándonos en lo que está detrás, es decir, su trasfondo, en el segundo movimiento lo estudiamos como si fuera un espejo en el que nos vemos reflejados. Como lectores y lectoras debemos iniciar y mantener un diálogo dinámico entre los textos neotestamentarios y nuestra compleja realidad social. Este ejercicio de doble enfoque conlleva un intercambio de ideas, creencias, valores y perspectivas. Dicho diálogo lo podemos representar así:

## 2. Siete preguntas básicas

En un sentido más práctico, podemos formular siete preguntas que nos encaminen a entender los textos del NT de forma más sistemática y sencilla. Para realizar una lectura detallada del texto bíblico podríamos preguntar:

### a. ¿Qué dice el escritor del pasaje? (contenido)

No podemos evaluar críticamente un pasaje determinado, entenderlo desde un punto de vista particular, o aplicarlo a la vida a menos que lo entendamos en su sentido más elemental. Saber lo que un determinado autor (escritor, personaje o narrador bíblico) dice, afirma o sugiere es un paso fundamental para la interpretación de la Escritura. Por esa razón hay que comenzar conociendo el sentido más básico de lo que se lee. No podremos responder a las otras seis preguntas en esta sección, a menos que primero hayamos contestado ésta. Si no es posible leer el texto en el idioma original, entonces recomendamos hacer la lectura en diferentes versiones de la Biblia hasta que uno pueda relatar, en sus propias palabras, de qué trata el pasaje.

### b. ¿Cómo se relaciona de forma lógica el pasaje en cuestión con el que le precede y el que le sigue? (contexto literario)

Aunque no siempre claros o fáciles de precisar para nosotros, toda palabra, oración, versículo, párrafo, pasaje o grupo de textos ha sido puesto en el texto bíblico por razones y propósitos específicos. En otras palabras, el discurso no fue escrito de forma arbitraria; existe una secuencia de pensamiento y una interconexión lógica entre los elementos que lo componen. Ésta puede ser explícita o implícita, cercana o lejana al texto que se estudia. Así que la labor del lector es determinar esa secuencia y conexión y de qué manera eso ayuda a desarrollar y entender mejor el argumento del escritor en el texto. Cada pasaje tiene un lugar y función específica a la luz de todas las palabras que lo componen, así que se comienza con el contexto inmediato y se va desde adentro hacia fuera, siempre dando prioridad a los textos más cercanos y claros.

Por ejemplo, Mateo 5:20 es una denuncia de la justicia o rectitud moral que muchos de los fariseos y escribas no practicaron, y contra la que Jesús advierte a sus discípulos en Mateo 6:1; mientras que Mateo 6:1-18 contiene una explicación sobre el significado concreto de lo que Jesús exige: practicar la limosna para ayudar a los necesitados (Mt 6:2-4), la oración (Mt 6:5-15) y el ayuno (Mt 6:16-18) con sinceridad y en secreto, no para recibir reconocimiento humano. Jesús tiene, además, otras ideas sobre la justicia que describe en su sermón (Mt 5:6, 10; 6:33). Por otro lado, el contexto inmediato de Marcos 12:28-34 nos da a entender que este episodio es parte de una serie de «trampas» que los enemigos de Jesús le han puesto para tener algo de qué acusarle y deshacerse de él (Mc 11:18; 12:13, 18); y es que en realidad sus interrogadores no quieren aprender lo que Jesús tiene que enseñarles en cuanto al mandamiento principal de la ley mosaica.

Entre Lucas 10:25-37 y Lucas 10:21-24 parece existir una conexión temática. En este último texto es Dios quien revela los misterios del Reino a «los humildes» y «sencillos» pero no a «los sabios» o «instruidos» (v. 21), y es Jesucristo quien tiene el poder para revelar dichos misterios. Lo interesante del caso es que en Lucas 10:25-37, Jesús entabla un diálogo con un «experto de la Ley» que, irónicamente, no es capaz de discernir la identidad de Jesús ni sus enseñanzas sobre la vida eterna y el amor al prójimo. Así que este pasaje nos presenta un ejemplo o ilustración concreta de esos «eruditos» a quienes ni el Padre ni Cristo revelan sus misterios. El episodio de Ananías y Safira en Hechos 5:1-11 nos presenta el ejemplo de una pareja que, por no poner todo el dinero de la venta de su tierra a los pies de los apóstoles, pagaron con sus vidas al intentar engañar al Espíritu de Dios. Este texto nos presenta la actitud contraria a lo que Hechos 4:32-37 describe sobre la vida de la iglesia primitiva, específicamente en contraste con el comportamiento ejemplar de José, el levita.

### c. ¿Qué significa el pasaje a la luz de su trasfondo social? (contexto histórico-social)

Aquí sencillamente tratamos de precisar de qué manera los autores y los lectores judíos y grecorromanos entendieron las ideas contenidas en el pasaje dentro de su propio contexto social. Por cuanto todo texto es producto y refleja las realidades de su entorno geográfico, histórico-político, socio-económico, cultural, filosófico y religioso, es necesario estudiarlo tomando en consideración este amplio, complejo y diverso contexto. Debemos tomar en cuenta que habrá muchas ideas, valores y prácticas que escaparán a nuestro conocimiento como lectores actuales, pero que fueron perfectamente entendibles para los autores, los lectores y el resto de la gente del tiempo del NT.

Por ejemplo, Lucas 20:20-26 tiene más sentido cuando indagamos un poco sobre la imagen impresa en la moneda de la que Jesús habla y cómo dicha imagen se relaciona a los valores judíos. Se cree que la imagen impresa en la moneda era la de Tiberio Julio César (14-37 d.C.) y tenía la siguiente inscripción: «Tiberio César, divino Augusto, hijo de Augusto». Esta frase era ofensiva para los judíos, pues de esa manera confería un estatus divino y sugería un cierto tipo de adoración al César. La ley mosaica, sin embargo, establecía que no debía hacerse ninguna imagen física o material de Dios y que sólo Jehová era digno de adoración (Ex 20:1-4). La imagen del César en la moneda era símbolo de pertenencia y autoridad. Jesús así lo demuestra con su respuesta, y sale airoso de la trampa que los judíos le habían puesto.

Al estudiar el trasfondo de la palabra traducida como «Verbo» o «Palabra» en Juan 1:1-18, nos damos cuenta de que entre los judíos se refería a la sabiduría divina y/o la ley mosaica; y entre los griegos se entendía como la razón, el principio creador y sustentador del universo. Sin embargo, en su himno, el autor del evangelio la aplica a Jesucristo para contrarrestar estas ideas. En Santiago 5:3 «el óxido» (o corrosión) del oro y la plata es una metáfora que se usa para señalar el mal uso de la riqueza, ya que no debía ser acumulada, sino utilizada para socorrer a los pobres: «Pierde tu dinero por el hermano y el amigo, y no se oxide bajo una piedra para tu perdición» (Eclesiástico 29:10, La Nueva Biblia Latinoamericana). Santiago recrimina a los ricos por no haber hecho esto. En Apocalipsis 2:13, «El trono de Satanás» puede referirse al trono donde se sentaba el Procónsul romano para juzgar; y Pérgamo podría ser la sede del culto al emperador o al gran altar que fue construido en honor al dios Zeus en el 230 a.C. Sea cual sea el referente específico en este texto, Juan considera que Satanás es quien realmente mora en la ciudad de Pérgamo y ejerce su autoridad por medio de los romanos.

### d. ¿Qué pudo haber motivado al autor a escribir el pasaje? (circunstancia u ocasión socio-retórica)

Cada pasaje o libro del NT responde a algo que lo motivó. Nadie escribe algo porque sí, siempre existe una razón. La labor del estudiante de la Biblia es identificar el contexto y las circunstancias que crearon las condiciones y propiciaron la escritura del NT como un todo o en sus partes. Muchas veces la ocasión es fácil de determinar, otras no lo es tanto. La mejor manera de hacerlo es utilizar el texto bíblico mismo. Hay muchas claves allí que pueden ser de ayuda.

Por ejemplo, dado que algunos creyentes gnóstico-cristianos decían que Jesús fue una especie de fantasma que adoptó un cuerpo humano, esto motivó a los autores cristianos a enfatizar la humanidad de Jesús (Jn 1:14; 20:24-29; 1 Jn 1:1; 4:1-3; 2 Jn 7). Es evidente que cuando Pablo escribe 1 Corintios 7, lo hace porque la iglesia de Corinto tenía muchas preguntas sobre las relaciones matrimoniales (en general, y entre creyentes y no-creyentes en particular), la soltería y el celibato. Ahí responde a sus inquietudes y deja ver algunos valores importantes para los cristianos. El maltrato que sufren los pobres en la iglesia al reunirse para celebrar «la fiesta del amor», es lo que motiva la fuerte exhortación de Pablo en 1 Corintios 11:17-22 en contra de la mala conducta de los creyentes ricos. Los gálatas habían abandonado el evangelio de la gracia que les había predicado y Pablo no entiende por qué se han dejado engañar. La única explicación que encuentra para ello es que se han dejado «fascinar» (Gl 3:1), y por eso no tiene nada bueno que decirles en su carta y les habla enojado. Por su lado, el escritor de Hebreos (1:4-14) tiene que demostrar la superioridad absoluta de Jesús sobre los mensajeros celestiales, ya que, como era su costumbre, muchos judíos tenían en alta estima a los ángeles o hasta los veneraban por ser intermediarios entre Dios y su pueblo. La presencia de falsos maestros en la isla de Creta que tenían un trasfondo judío y estaban ejerciendo una influencia negativa —por su inmoralidad y la invalidez de sus doctrinas— sobre los cristianos de esa localidad, es lo que llevó a Pablo a condenarlos (Tit 1:10-16).

### e. ¿De qué manera organiza y presenta el autor sus ideas en el pasaje para convencer a sus lectores y qué medios de comunicación utiliza para lograrlo? (estrategia socio-retórica)

Normalmente los autores seleccionan y arreglan sus ideas y se valen de recursos de comunicación (géneros literarios) para convencer a sus lectores. Así que lo que se dice (el contenido) en un texto y la manera en que se dice (la forma) son cuestiones que van de la mano. Por eso necesitamos prestar atención a la estructura de un texto, la secuencia lógica de las ideas y la relación que hay entre ellas. Aunque sería ideal conocer los artificios literarios y las técnicas de comunicación a fondo, creemos que bosquejar los pasajes bíblicos notando la interconexión de sus partes es de mucha ayuda.

Por ejemplo, la manera en que Mateo organiza sus datos para hablar sobre la genealogía de Jesús y los recursos estilísticos que emplea, indican que el autor quiere demostrar que Jesús es el legítimo Mesías prometido al pueblo de Israel (Mt 1:1-17). Para lograrlo, primero divide el texto en secciones bien demarcadas y a la vez relacionadas entre sí: introducción (v. 1); lista de los ancestros de Jesús por períodos: de Abraham a David (v. 2-6a), de David al exilio babilónico (v. 6b-11) y del exilio babilónico a Cristo (v. 12-16); resumen (v. 17). Segundo, se vale del género literario conocido como «genealogía», que es crucial para un judío pues, entre otras cosas, le confiere identidad social, conexión con su historia y derecho a heredad. Además de que el texto sirve como introducción al libro de Mateo, contiene elementos liberadores, como la mención de cuatro mujeres: Tamar, Rahab, Rut y María dentro de la genealogía de Jesús.

Otros ejemplos son Hechos 1:8, que de manera anticipada indica al lector cómo se va a extender el evangelio: primero en Jerusalén, luego en Judea y después en Samaria hasta llegar a lo último de la tierra (esta parece ser una referencia a Roma). Ese versículo es programático en el sentido de que ayuda a estructurar la manera en que el autor va a narrar la historia. En 1 Tesalonicenses 1:1-10, valiéndose de palabras de alabanza y estímulo (argumentación deliberativa), Pablo presenta a los lectores como «modelos de fe» con el propósito de que continúen conformándose a sus enseñanzas y para reforzar las relaciones amistosas entre pastor y congregación.

Por su lado, para convencer a sus lectores a desechar la parcialidad por los ricos y la discriminación en contra de los pobres, Santiago organiza su discurso en 2:1-11 de acuerdo con algunos lineamientos de retórica grecorromana: proposición (quienes creen en Cristo no deben mostrar favoritismo por nadie. v. 1); razón (mostrar favoritismo, especialmente en casos cuando los ricos son tratados con respeto y los pobres son avergonzados, es un acto de discriminación y juicio malévolo. vv. 2-4); confirmación (el favoritismo —como el que muestran los lectores por los ricos— ignora el hecho que los pobres han sido escogidos por Dios y que los ricos hacen el mal. vv. 5-7); re-confirmación (mostrar favoritismo viola el mandamiento de amar al prójimo y toda la ley mosaica. vv. 8-11). Finalmente, las epístolas dirigidas a las siete iglesias de Asia en Apocalipsis 2:1—3:22 siguen un formato que permite ordenar las ideas que se quieren compartir de acuerdo a fórmulas literarias: 1) mandato a escribir, 2) «esto dice», 3) títulos de Cristo, 4) «yo conozco», 5) exhortación al cambio de comportamiento, 6) invitación a escuchar y 7) llamado a vencer.

## f. Basado en lo que el autor afirma en el pasaje, ¿qué quiere que sus lectores sientan, crean y hagan? (intención o propósito).

Conocer el contenido, la forma, el contexto literario y la ocasión del texto bíblico a la luz de su contexto social debe ayudarnos a identificar para qué escribe un determinado autor. Todo discurso —oral o escrito— busca influir en quienes lo escuchan o leen. Los autores tienen como propósito persuadir a sus destinatarios —con la información que presentan—, ya sea al nivel de creencias, sentimientos o conducta. Nuestra tarea es determinar la intención o propósito del autor. Este es el meollo de la interpretación bíblica. No podemos aplicar o actualizar el mensaje prescindiendo de una respuesta a esta interrogante.

Por ejemplo, Marcos 8:31—9:1 busca preparar a los cristianos para el martirio, pues cuando Jesús afirmó que vino para morir («el

Mesías sufriente»), entonces sus seguidores debían estar dispuestos a correr el mismo riesgo por su causa. Por otro lado, Pablo se había esforzado por levantar una ofrenda para los pobres en Jerusalén, y la intención de 2 Corintios 8-9 es que los corintios también participen financieramente siguiendo el ejemplo de otros cristianos gentiles. A través de Romanos 1—2, Pablo quiere convencer a los oyentes que tanto judíos como gentiles han pecado y están destituidos de la gloria de Dios. En el pasaje de Colosenses 1:15-20, aunque es un himno donde se resalta la supremacía de Cristo en el universo, Pablo quiere tanto fortalecer la fe de sus lectores frente a los engaños como atacar a maestros con tendencias gnósticas que privilegian a la razón por encima de todo lo demás.

Los problemas sobre los líderes en las iglesias llevan a Pablo a proveer una lista de requisitos o criterios que han de establecer orden en las comunidades de fe, y encarga a Timoteo que se asegure de que estas recomendaciones se cumplan (1 Ti 3:1-13). Pedro, preocupado por la reputación cristiana ante la sociedad secular de la provincia de Asia, desea regular las relaciones entre los cónyuges, pero lo hace sin alterar la esencia de la estructura patriarcal de la familia (1 P 3:1-7; cf. 2:18-25). Y nos damos cuenta de que considera que ésta es «la mejor» manera de atraer a no-cristianos a la fe y de hacer ver que los cristianos son «buenos» ciudadanos del imperio.

## g. ¿De qué manera nos habla el pasaje a nosotros el día de hoy? (aplicación o actualización)

Si todas las preguntas nos permiten enfocarnos en el pasado (en los mundos detrás y dentro del texto bíblico), esta última nos ayuda a pensar en los problemas, retos y posibilidades del mundo del lector; es decir, del «mundo delante del texto». Esta es la última etapa y, para muchos, el clímax del proceso. Pero, para contestarla correctamente, entonces debemos conocer la realidad social en la que vivimos. Sólo así podremos entablar un diálogo fructífero entre el ayer y el ahora. La interpretación de la Escritura, sin una interpretación del mundo a nuestro alrededor, es contraproducente.

La actualización tiene diferentes rostros y avenidas: puede ser muy sencilla o complicada y tanto personal como comunitaria.

Pero una en particular usa modelos tomados de las ciencias sociales para entender mejor los textos bíblicos, sobre la base de experiencias comunes entre «nosotros» (los lectores) y «ellos» (la gente del NT). En Mateo 23:1-39, por ejemplo, vemos una serie de «etiquetas» que Jesús no sólo usó para caracterizar a la elite religiosa, sino también para atacarlos. A esto lo llamamos «rotulación social negativa» en el que, entre otras cosas, se usan juicios de valor, estereotipos, acentuación de ciertos vicios, y aspectos semejantes. Reinterpretar Lucas 2:36-38, desde una perspectiva feminista, resaltando la persona y obra de Ana como ejemplo de fe en la teología lucana, y leer «con ojos de mujer» y «visión humana» algunos pasajes selectos de Santiago (por ejemplo, 1:18, 26-27; 2:14-17, 25), nos permite desenterrar el carácter patriarcal de los textos bíblicos, desenmascarar las interpretaciones machistas e ir mucho más allá de los textos. La exhortación de Pablo en 1 Tesalonicenses 4:1-8 tiene el objetivo de mantener a sus lectores «sexualmente puros» y es un buen ejemplo de lo que los antropólogos llaman «preocupaciones acerca de la pureza y la impureza», es decir, la tendencia que hay en todos los seres humanos por establecer orden y desechar lo que atenta contra ello, a fin de establecer una identidad.

Al establecer la diferencia entre el poder como imposición, compulsión o coacción desde arriba («relaciones de poder») y el poder como algo cedido a otra persona por un mutuo acuerdo («relación de autoridad»), se puede decir que Pablo desarrolló y tuvo una relación de autoridad con muchas de sus iglesias. Así que no sólo reconocieron la posición y función de Pablo como apóstol, también aceptaron el ejercicio de su liderazgo sobre ellas (Tesalónica, por ejemplo). Conocer algunas de las características de quienes se han convertido a otras religiones nos ayuda a entender mejor los pasajes que hablan sobre la conversión de Pablo a Cristo (Hch 9:1-13; 22:1-16; 26:1-19), y Filipenses 3:4-11 es buena muestra de alguien que ha pasado por un proceso de «re-socialización» o «alternación religiosa». Utilizando como instrumento de análisis la sociología de «los héroes y los villanos», en la tercera carta de Juan notamos cómo Diótrefes es un paradigma que no debe imitarse, mientras que Gayo y Demetrio son modelos dignos de alabanza y emulación.

## 3. Sugerencias finales

Mientras que cada persona debe encontrar su manera para interpretar las Escrituras, siempre debe hacerlo en un contexto de comunidad. Para orientar en parte este proceso, compartimos con ustedes algunos consejos finales que ayudarán a minimizar «inventos descabellados» o especulaciones.

*Primero*, no hay que forzar un texto bíblico para que diga lo que no dice. Es decir, hay que dejar que el texto hable por sí solo. Tampoco se debe derivar algo que no esté ahí. Si la idea está implícita en el texto, reconozca este hecho; pero si no lo está, guarde silencio y no trate de probar nada. Es irresponsable tratar de manipular o torcer la información para hacerla estar de acuerdo con lo que nosotros creemos. Leer la Biblia a conveniencia propia es un vicio que debemos dejar a un lado de una vez por todas. Es muy peligroso tratar de utilizar doctrinas religiosas, categorías de la teología sistemática o ideologías seculares preconcebidas al estudiar la Biblia. Aunque debemos usar el conocimiento heredado y no podemos desprendernos de nuestros prejuicios tan fácilmente, no olvidemos que los textos siempre tienen el control y la palabra final para la interpretación bíblica. Tienen razón las denominaciones cristianas que afirman que, en nuestra tarea teológica y misional, la Biblia debe tener la primacía. La tradición eclesiástica, la experiencia de fe y la razón deben supeditarse a este principio.

*Segundo*, la tradición eclesiástica es un recurso valioso, particularmente cuando nos ayuda a entender mejor las Escrituras. Recordemos que la historia de la iglesia también ha sido «la historia de la interpretación bíblica», y por ello no podemos prescindir de todo ese conocimiento acumulado. A este legado han contribuido eruditos de diversas razas y culturas, y entre ellos representantes de nuestro pueblo hispano. La teología hispana se ha desarrollado muchísimo en los últimos veinte años, y nuestros hermanos de América Latina también han escrito muchos recursos valiosos.

*Tercero*, nuestras experiencias de fe y espiritualidad son útiles y necesarias pero no definitivas ni completas en sí mismas. Aunque los textos bíblicos están escritos con la tinta indeleble de la fe y la piedad de los primeros cristianos, este criterio no debe emplearse como el único ni el decisivo. Tampoco debe ser pretexto para la flojera o para desdeñar el estudio riguroso y académico de las Escrituras. El entrenamiento formal es imprescindible ya que el análisis educado también contribuye a la espiritualidad, y es parte de nuestra experiencia de devoción. Ellas constituyen un criterio importante de interpretación bíblica, pues ilumina nuestra lectura.

*Cuarto*, hay que familiarizarse con los métodos de interpretación bíblica. Por causa de espacio y tiempo no hemos podido ilustrar todo el potencial que tiene explicar los textos bíblicos desde diversos puntos de vista. Pero las generalizaciones que hemos presentado en este libro han sido fruto del uso de muchos de ellos. Animamos al lector para que siga preparándose y profundizando, tanto en la teoría como en la aplicación, de las metodologías a través de los muchos y buenos recursos que en la actualidad existen para ello.

*Quinto*, mientras estudia la Biblia haga un glosario de términos desconocidos y aclárelos con la ayuda de un comentario bíblico, diccionario o enciclopedia. En muchas ocasiones el texto define sus propias palabras ya sea por medio del contraste o por el uso de otras palabras que significan lo mismo o aclaran la palabra que no podemos entender. Así que recomendamos leer muy detenidamente los pasajes bíblicos antes de acudir a la literatura secundaria. También marque su Biblia y tome notas. Esto le permitirá monitorear sus pensamientos y recordarlos, ya sea para una investigación posterior o para refinar sus pensamientos a medida que profundice en su lectura. Asegúrese de responder por escrito a las siete preguntas que sugerimos arriba.

*Sexto*, para evitar una lectura espiritualizante de la Biblia, echemos manos de las ciencias sociales siempre que sea posible. Estas nos ayudarán a entender el comportamiento humano de forma intra-cultural y trans-cultural. Sin embargo, hay que tener cuidado para no imponer teorías e hipótesis contemporáneas a las Escrituras. En realidad necesitamos utilizar las herramientas necesarias que nos permitan entender y aplicar el mensaje de la Biblia con mayor pertinencia. De esta manera la misión de la iglesia se facilita.

*Séptimo*, no olvidemos que nuestra fe cristiana son «los lentes» con los que estudiamos la Biblia y que en ella encontramos algunas «pautas de interpretación» modeladas por el mismo Jesús (Mt 5:17-48; 12:38-40) y sus seguidores (ver, por ejemplo, Mt 1:18—2:23;

3:1—4:17; Mc 7:1-13; 11:15-19; 12:1-2; Lc 11:29-32; Jn 19:16-37; Hch 2:14-36; 3:11-26; 1 Co 15:3-4; 2 Co 3:14). La motivación principal al estudiar la Biblia es la profundización de nuestra fe, el conocimiento y nuestro compromiso con Jesucristo. Desde la perspectiva sociológica del conocimiento, esta variable «colorea» nuestra lectura, así que debemos ser honestos y conscientes de ella desde el principio. Nadie lee la Biblia a partir de ceros, o de la nada. Por lo tanto, en este proceso no podemos deshacernos de nuestra personalidad ni de lo que creemos.

*Octavo*, de la misma manera en que lo hacemos con cualquier otra obra, sea antigua o moderna, lea la Biblia con ojo crítico y permanezca receptivo a nuevos puntos de vista. Sabemos que para algunas personas —puesto que basan su vida espiritual o de fe en las interpretaciones tradicionales de la Biblia— esto no será nada fácil y hasta podrían considerarlo contraproducente. No obstante, muchos creemos que la fe y la razón no se excluyen, sino que más bien se complementan y además fortalecen el compromiso de amar y servir a Dios y al prójimo. Una mente abierta es la puerta que lleva al crecimiento; pero cuidado, porque un crecimiento sin cambio es un engaño.

Nuestras vidas no pueden ser transformadas sin tener la disponibilidad para estudiar los textos bíblicos a la luz de nuevos criterios y experiencias, y para actuar en función de los descubrimientos hechos. Si Jesús mismo —que tuvo fuertes convicciones y una mente crítica— fue capaz de cambiar su agenda de trabajo y forma de pensar por el desafío que le presentó la mujer sirofenicia (Mt 15:21-28; Mc 7:24-30), ¿por qué no nosotros?

www.ingramcontent.com/pod-product-compliance
Lightning Source LLC
Chambersburg PA
CBHW011956150426
43200CB00016B/2919